D0564147

J'AIME
MON
COCHON D'INDE!

Éditeur :
Véronique Babin

Assistante d'édition :
Anne-Marie Labrunie

Responsable artistique :
Bernard Duvivier

Mise en pages
Sylvie Nanteau

BRIGITTE BULARD-CORDEAU

J'AIME
MON
COCHON D'INDE!

Direction scientifique du Docteur Karim Daoud

Illustrations de Pascale Wirth

HACHETTE
Jeunesse

SOMMAIRE

Les maladies   104

Les urgences   132

En vacances   140

Carnet de santé   144

Adresses utiles   146

Index   148

PRÉFACE

Belle galerie de portraits ! Entre le hamster aux abajoues gonflées comme un joueur de trompette, le cochon d'Inde aux oreilles en pétales de rose, le lapin nain au nez qui bouge (on compte 120 mouvements à la minute !), la souris blanche en robe champagne ou bien chamois, et le rat blanc, premier prix de courtoisie chez nos rongeurs de compagnie, lequel aura notre préférence ?

Ils ont beau appartenir à la même famille -hormis le lapin nain qui est un lagomorphe-, aucun ne ressemble à l'autre. Accros de la gym tonic, la queue en clé de sol sur une balançoire qui bat la mesure, ou bien partisans du surplace pour grignoter tranquilles, nos petits amis, entre le jour et la nuit, ont un mode de vie bien particulier.

À nous de leur proposer un habitat sur mesure, une maison avec ou sans étages, remplie ou non d'accessoires. Une cage-abri d'où ils nous regardent, mine de rien. Veulent-ils sortir, faire un tour (en liberté surveillée) ou bien ont-ils un petit creux ? Plantes de jardin ? Granulés en boîtes ? Pour eux, choisissez bien. Un rien les dérange et nos petits goinfres aux dents longues, tout costauds qu'ils sont, n'échappent pas aux maladies. Comment les soigner ?

Cet ouvrage, écrit sous le regard du docteur Karim Daoud, aide grands et petits à vivre avec leur rongeur. Personnalités, passe-temps favoris, horaires à dormir debout, tout cela est raconté sans oublier la vie de couple, l'arrivée des bébés et tout ce qu'il faut faire pour que l'un des compagnons préférés des enfants ne manque jamais de rien.

Brigitte Bulard Cordeau

DES ANIMAUX AU POIL

Pourquoi pas un rongeur ?

Votre choix est fait. C'est un petit rongeur que vous allez accueillir. C'est vrai qu'il ne prend pas beaucoup de place dans un appartement. Et puis, à la différence du chat ou du chien qui s'ennuie pendant votre absence, celui-ci a davantage de patience. Il est sage comme une image et, le jour, il passe le plus clair de son temps à dormir.

Mais le soir, à l'heure de la rentrée de l'école, quel numéro il prépare ! Toujours prêt à faire la fête et à casser la graine !

Il faudra bien le nourrir si l'on veut gagner son amitié. Il aura besoin d'une "maison" confortable et toujours propre, qu'il faudra aménager. A vous également d'organiser ses "temps libres", de lui prévoir un endroit où il pourra se dégourdir les pattes dans la maison. Bref, cela nécessite que l'on s'occupe de lui et que l'on soit attentif à ses besoins.

Un jour, ce tendre ami va vous fausser compagnie, bien plus tôt que votre chien Rocky ou le chat Félix . Il faut savoir qu'à deux ans, un hamster - ou une souris - se font déjà bien vieux !

Le mieux est de s'en faire très vite une raison et de prendre ces petits compagnons comme ils sont. Mais, au fait, lequel aura votre préférence ?

Lequel choisir ?

Tous ces rongeurs sont bien attachants. On les aime autant pour leur côté boute-en-train que pour leur franche camaraderie. Mais ces intrépides ont beau appartenir à la même famille (excepté le lapin nain

qui est un lagomorphe), ils n'ont pas forcément les mêmes habitudes. Chacun a son petit caractère. Avec lequel fera-t-on bon ménage : un pitre de hamster ? un paisible cobaye ? un tendre lapin nain ? une jolie souris blanche ? ou un rat blanc fidèle et plein de reconnaissance ?

Il va falloir se décider pour l'un ou pour l'autre. Mais ce choix fait, il faut encore s'interroger sur la variété que l'on veut au sein de chaque espèce : préfère-t-on un cobaye de l'Himalaya à un cobaye à rosettes ? un lapin nain au poil d'argent comme le Sylver Fox ou un polonais blanc comme neige ? D'autres questions viendront à l'esprit : quel âge doit avoir le rongeur que l'on achète ? prendra-t-on un mâle ou une femelle ? ou bien deux individus du même sexe ? ou encore le couple ? Sur ce point, une chose est sûre : quel que soit l'élu de votre cœur, il est bâti pour avoir des ribambelles de bébés. Ces petits animaux, même pas hauts comme trois pommes, sont des spécialistes des grandes familles.

Le hamster doré

En fait, il est de toutes les couleurs : crème, cannelle, tacheté, blanc... On compte 21 teintes et le doré tient davantage à la traduction de son nom latin *Mesocricetus auratus* qu'à la couleur proprement dite de son pelage.

A lui seul, cet animal est un spectacle. On dirait un joueur de trompette avec ses joues gonflées ! Ce sont des abajoues, de véritables sacs à provisions qu'il remplit à ras bord et où il peut enfouir jusqu'à 40 grammes de graines dans chaque joue. Et lorsqu'il n'a vraiment plus de place, notre Harpagon amasse dans son "magasin", un endroit spécialement aménagé dans sa cage. Le hamster est un organisateur modèle.

Sa particularité est de se reposer le jour. Et avec ses horaires de nuit, il n'est pas question de l'avoir dans sa chambre : on ne pourrait fermer l'œil. Toujours débordé entre ses acrobaties sur sa roue et ses graines à grignoter, il s'affaire à grand bruit et ses nuits, blanches, pour lui comme pour nous, ne sont pas de tout repos.

Ce bon petit diable nous joue des tours malgré lui. Lorsque la température descend au-dessous de 14°C,

HAMSTERS

il fait le mort. Son corps est raide et son coeur bat très lentement. Pas de panique ! Il est tout simplement en train d'hiberner comme il le ferait à l'état sauvage.

Ses yeux tout noirs brillent d'intelligence. Avec ses 16 cm de longueur et ses 120 g, le hamster est si petit qu'il tient dans un bol. C'est dire comme il est peu encombrant.

D'ailleurs, le polisson sait parfaitement tirer profit de cet avantage. Lorsqu'on le met en liberté dans la maison, il joue le hamster invisible. Il se faufile entre les tuyaux, part en excursion dans les trous de lavabos, explore l'arrière des cuisines et des réfrigérateurs. Il ne faudra pas le quitter des yeux tout le temps de sa récréation : il risquerait de disparaître à jamais.

Mais lorsque l'on connaît les habitudes de ce "petit ours" (c'est ainsi qu'on l'appelle aux Etats-Unis), son goût de la farce, son temps de sommeil (durant lequel il ne faut pas le caresser), on est prêt à vivre deux belles années de tendresse. Eh oui, le temps est court ! Mais ce petit animal, facile à soigner et drôle à souhait, a une vie bien remplie.

Le cobaye

On l'appelle aussi cochon d'Inde. Ce n'est pas qu'il soit sale, bien au contraire. Ce rongeur tout rond, qui a été découvert en Amérique du Sud (que l'on croyait être les Indes au 16ᵉ siècle, d'où son nom), a tout le profil de Monsieur Propre. Il faut le voir faire sa toilette minutieusement, frottant et grattant son museau avec ses pattes avant. Comme il est soigné ! Comme il a le poil luisant ! Avec lui, on n'a pas besoin de faire le grand ménage, on dirait qu'il s'applique à ne pas souiller sa cage : il fait ses besoins toujours au même endroit.

Bien sûr, cela ne doit pas nous empêcher de prendre toutes les précautions pour assurer l'entretien de sa "maison" (voir p. 43), d'autant plus que cet animal urine beaucoup. Mais l'on appréciera chez ce petit cochon poilu, rempli de qualités, la propreté et la coquetterie. Chose non négligeable : il sent bon, ou, du moins, ne dégage aucune mauvaise odeur. C'est sûrement un atout lorsque l'on partage son existence…

On ne doit pas donner n'importe quelle litière à un rongeur.

Quand il a faim, le cochon d'Inde vous rappelle à l'ordre.

Avec lui, pour remplir le contrat de mariage, il faut répondre à deux conditions au moins : lui servir à manger deux fois par jour, sous peine de se faire rappeler à l'ordre, et faire acte de présence au moment où il s'active, c'est-à-dire en fin d'après-midi. Vous l'avez compris, le cobaye déteste la solitude. Lui aussi a besoin de montrer qu'il existe. Et si par mégarde on oublie sa nourriture, il grogne, siffle. Les repas sont sacrés pour ce bon dodu et la compagnie de son maître le conforte dans son calme.

Son mode d'existence, c'est la routine. Il ménage ses efforts en gros père tranquille. Le sport n'est pas son fort. Pas de voltige sur un trapèze, ni de saut en hauteur, ni d'escalade dans sa cage. Il préfère le rez-de-chaussée. Le cobaye est-il si pataud ?

Il semble glisser sur le sol avec ses pattes courtes. Une vraie boule ! Il a le corps ramassé, la tête dans les épaules et même pas un bout de queue qui dépasse. Ce lourdaud qui mesure 28 cm et peut pescr jusqu'à 1 kg est tout en rondeur : il a de petites oreilles charnues, plantées sur sa grosse tête, arrondies comme des pétales de rose et des yeux également tout ronds. On le trouve encore plus comique lorsqu'il a le poil blanc : ses yeux sont roses, assortis aux oreilles. Ils peuvent aussi être rouges comme le rubis.

Il existe une multitude de variétés chez les cobayes. Entre le *cobaye moucheté* ou à rayures, le *dalmatien* blanc et noir, l'*arlequin* très bariolé, il y a peu de chances que vous ne trouviez pas le cobaye idéal.

Le plus facile d'entretien est sans doute le cobaye au poil lisse ou ras, qui est d'ailleurs le plus répandu. Il représente une grande palette de couleurs : citron, chocolat, doré, orange, cannelle, rouge-lilas.

Parmi les poils courts, il existe des spécimens peu ordinaires, comme le *cobaye huppé* qui porte une touffe sur le sommet de la tête ou encore le *rex* qui ressemble à un hérisson : son poil court et raide se dresse sur son corps !

Le *cobaye à rosettes* est très original. Avec ses rosaces réparties sur son corps, il semble porter des décorations : quatre sur la croupe, deux sur chaque flanc, une ou deux sur l'épaule, une sur chaque joue ou sur le front. Son poil mesure 3,5 cm et, aux endroits où les touffes se rejoignent sur les épaules et sur le dos, il forme des crêtes .

COCHONS D'INDE

Sauvage

À rosettes

Doré à poil lisse

Shelty

Albinos

COCHONS D'INDE

À rayures

Angora

Abyssin

Albinos

Toy

C'est le *cobaye angora* qui porte le poil le plus long : ses mèches atteignent jusqu'à 15 cm et, sur la croupe, elles forment une traîne qui mesure près de 40 cm ! On imagine l'entretien que nécessite sa fourrure ! D'autant plus que chacun a sa coupe "standard". Brossé vers l'arrière, le *shelty* a la tête bien dégagée. En revanche, le *péruvien* est coiffé vers l'avant, à tel point que l'on ne voit jamais sa tête.

Cela doit être franchement désagréable d'avoir les yeux masqués par cette longue frange et d'être considéré comme une simple "boule de poils". De son côté, le maître supportera-t-il de ne jamais croiser le regard de son compagnon ? Comment savoir si le péruvien est heureux. Souffre-t-il ? Ce n'est pas dans son regard que l'on pourra lire ce qu'il ressent, ni répondre à son attente. Et c'est dommage de ne pas communiquer avec cet animal comme on peut le faire avec un autre cochon d'Inde.

Il faut y penser. Car la vie commune avec un cobaye va durer environ sept ans. Cela représente beaucoup d'attention, de câlins, de petits soins à son égard. Dans la famille des rongeurs, c'est, avec le lapin nain, le plus vieil ami que l'on puisse avoir.

Le lapin nain

Cela coule de source : il ressemble comme un frère au lapin domestique. Sa fourrure est dense et douce et on ne se lasse pas de regarder son nez qui bouge, tellement drôle avec ses cent vingt mouvements à la minute. Qu'il est mignon ! De surcroît, ce petit trésor a de ces façons de s'intégrer à la vie de famille : comme un chat, il vient se nicher sur vos genoux, quémander vos caresses. Il est sans doute le plus sociable de nos compagnons. Il est aussi celui qui s'adapte le mieux dans l'appartement.

Apprenez-lui les bonnes manières : il aura tôt fait d'aller dans le bac à sciure pour y faire pipi. En revanche, il continuera à manger ses crottes. Surtout, laissez-le faire, même si vous trouvez cela choquant. Il trouve dans ses excréments de la vitamine B et des protéines nécessaires à son équilibre.

Sur lui, le lapin nain fait très propre. Son poil brille et il se lèche très régulièrement sans que l'on ait besoin de faire sa toilette. Voilà qui est bien pratique. Mais cela ne veut pas dire qu'il est aussi raffiné

La nourriture doit être bien dosée pour éviter au rongeur d'avoir le gros ventre.

dans son mode de vie : il étale un peu partout sa nourriture qu'il gaspille en partie, il mélange volontiers ses crottes et ses aliments. C'est ainsi. Il y a de sa santé. Et il serait vain et dangereux de chercher à modifier son comportement.

Il faut d'ailleurs le prendre pour ce qu'il est. Ce n'est pas un chien, capable d'obéir au doigt et à l'œil, ni un chat, si délicat lorsqu'il passe "à table". Le lapin nain est un animal de bonne compagnie qui n'aime pas être dérangé dans ses habitudes.

Très émotif, vite stressé, ce cœur sensible doit être traité avec douceur et tendresse, jamais avec indifférence. Sachez qu'il est possessif envers les siens et c'est sans doute pour cela que cet animal est attachant.

Le lapin nain va faire partie de la famille pendant sept ou huit ans : autant ou plus que le cochon d'Inde. Mieux vaut bien réfléchir avant de l'introduire à la maison. Mais si vous êtes sûr que c'est celui là qu'il vous faut, vous pouvez vous attendre à passer de joyeux moments.

Moucheté, bicolore ou doux comme le satin, le pelage du lapin nain varie selon les races.

LAPINS NAINS

Chinchilla

Hollandais

Dalmatien rey

LAPINS NAINS

Angora

Hermine

Bélier

Siamois

Sylver fox

Martre bleu

Sa vitalité, il la réserve pour la journée. En liberté, il fourre son nez partout, furète, sautille, malgré ses pattes courtes et fines : mais il a tout dans la cuisse. Quand il se déplace, on dirait un petit tonneau. Il est taillé comme un cylindre, le corps trapu, le cou si court qu'il passe inaperçu. Il a l'avant aussi gros que l'arrière, soulève son postérieur rehaussé d'un bout de queue, et hop ! il détale comme un lapin dans l'appartement.

A part son statut d'animal familier et son côté très sociable, qu'est-ce qui le différencie de son grand frère le lapin domestique ? La taille bien sûr : il mesure 21 cm de long et pèse 1,2 kg. Hormis ses grands yeux couleur feu, recouverts de trois paupières, tout est petit chez le lapin nain. Même ses oreilles, serrées et droites, qui se dirigent toujours dans la direction du bruit. Elles ne mesurent que 5,5 cm.

On se demande s'il est bien de la même famille que ses grands frères les lapins domestiques. Oui, bien sûr. En Grande-Bretagne, des éleveurs ont marié les plus petits des lapins, comme le *polonais,* encore appelé lapin *hermine* à cause de son pelage tout blanc, et d'autres petits modèles de race anglaise. Cela a abouti à la naissance du lapin nain.

Comme chez le lapin géant, il y en a de toutes les couleurs. On peut rêver d'un lapin "bleu", gris cendré, dont les reflets bleutés brillent comme du métal. Ou encore d'un nuage blanc crème. A l'opposé, on trouve le lapin tout noir ou encore le *zibeline*, de couleur marron.

On pourrait également choisir le lapin nain pour ses oreilles. Elles sont noires, bordées de blanc chez le Sylver Fox, un lapin argenté ; longues chez le lapin angora au poil doux et au corps rondelet ; tombantes chez le *bélier nain* qui n'a les oreilles en l'air que jusqu'à l'âge de deux mois.

Malgré ce grand choix de couleurs et de variétés, on a encore trouvé le moyen d'inventer le mini-lapin qui mesure 14 cm et pèse 450 grammes. Il est trop fragile, ne survit pas longtemps après sa naissance et c'est pour cela qu'il demeure méconnu et rare.

La souris blanche

Il n'y a pas que la couleur qui fait la différence... Il y a aussi la longueur des oreilles.

Malgré son nom, la souris blanche peut avoir un pelage de couleur : noir, blanc et noir, chocolat, crème, chinchilla, porcelaine, chamois, champagne.

Bien sûr, parmi toutes ces teintes, il en est une que l'on ne risque pas de trouver, c'est le gris. Car la souris grise, la sauvage, est une tout autre espèce. C'est elle qui a donné naissance à la souris blanche.

Les éleveurs ont voulu créer plusieurs variétés :

- la *souris naine* qui ne dépasse pas 12 grammes à l'âge adulte et dont le pelage est bicolore ;

- la *souris sans poil,* imberbe à la naissance, puis qui, après un léger duvet les quinze premiers jours, retrouve à nouveau sa peau nue ;

- la *souris danseuse,* qui est originaire du Japon, et ne présente pas l'intérêt d'un animal de compagnie (voir encadré p. 26). De surcroît, ce muridé possède une santé beaucoup plus précaire que notre commune souris albinos.

Car la souris blanche n'est pas si fragile que cela. Malgré sa taille fine, ses omoplates aussi minces qu'une feuille de papier, cette élégante est très résistante. Il suffit de l'observer pour s'en convaincre. Elle trottine, grimpe, s'agrippe à la barre, souple et légère. Cette acrobate de 20 g et de 8 cm de long n'a pas besoin de ses mains pour s'accrocher : elle s'enroule par la queue, qui est presque aussi longue que son corps. La voici bien équipée pour sa gymnastique non-stop. Et pour tenir son rythme d'enfer, elle a un cœur qui bat 600 fois à la minute !

Où trouve-t-elle son énergie ? Elle se contente de si peu de nourriture : deux cuillerées par jour de graines de tournesol, d'avoine, de pain sec et de pomme. Assurément, c'est elle le plus sobre des rongeurs... et le plus économique aussi.

A condition bien sûr qu'à ses heures de liberté, elle n'aille pas ronger les livres sur les étagères ! Car cette drôle de souris ne dédaigne pas les nourritures intellectuelles...

Elle est d'ailleurs assez intelligente et se montre beaucoup plus civilisée que sa cousine la souris grise. Cette dernière a toujours vécu auprès des hommes mais n'a jamais réussi à s'immiscer dans leur vie. La souris blanche, quant à elle, s'impose comme une compagne charmante et discrète. Néanmoins, elle demeure très timide et préfère se réfugier dans l'obscurité de la nuit et dans le silence absolu. Aussi devez-vous prévoir le plus grand calme lorsqu'elle a quartier libre : elle est capable de prendre la poudre d'escampette au moindre bruit.

Litière ou nourriture ? S'il s'agit d'un journal, la souris ne fait pas la différence.

SOURIS BLANCHES

Noire et blanche

Blanche

Tachetée

Cannelle
ou isabelle

Dans sa cage, la souris est propre. Mais elle perd de la tenue lorsqu'elle fait pipi : elle dégage une odeur forte. Pour éviter tout désagrément, il faudra donc changer sa litière assez souvent, à peu près tous les deux jours.

En revanche, il n'y a pas besoin de l'aider à faire sa toilette. Elle est toujours proprette avec son pelage immaculé et se débrouille toute seule. La souris utilise ses pattes avant comme lorsqu'elle décortique les graines. Elle a les doigts agiles, recouverts d'ongles recourbés, et se sert de son pouce, bien qu'il soit moins développé que sur les pattes arrière.

Avec son doigté, son air appliqué, la souris blanche est bien agréable à regarder. C'est vrai qu'on ne peut s'empêcher de penser à Mickey ou à Minnie en la voyant. Comme les personnages de Walt Disney, elle a les oreilles taillées en pastilles, presque aussi larges que longues, et aussi roses que le bout de ses pattes et sa queue. La ruse qui illumine ses yeux rouges nous promet bien autre chose que la monotonie pendant ses deux années d'existence.

Le rat blanc

Aucun mammifère n'est aussi attiré par l'homme que le rat blanc. Pourquoi veut-il toujours se rapprocher de nous ? C'est une des caractéristiques des muroïdés que de conquérir le monde et de côtoyer

La souris danseuse	*Elle ne possède pas un don artistique, loin de là. Elle est affectée d'une tare cervicale héréditaire et les Japonais ont commercialisé cette malheureuse souris, condamnée à pivoter sur elle-même sans jamais emprunter la ligne droite. Dès l'âge de dix jours, elle a des convulsions et s'apprête à tourner en rond, d'abord très lentement puis de plus en plus vite, décrivant des cercles parfaits, à un rythme vertigineux.*
	Dans sa valse à mille temps, la souris danseuse parcourt près de 10 km en 24 heures.
	L'on ne s'étonnera pas que cette "bête de scène", blanche ou bicolore, ne vive que très peu de temps !

Le rat blanc a une queue très fragile...

les êtres humains ; c'est pour cela que les 570 espèces du genre *Rattus* se sont dispersées sur les continents, s'intégrant à merveille dans les villes et les champs. Dérivé du surmulot, qui fréquentait les greniers, les caves, les lieux d'habitation, le rat blanc, qui vit à l'intérieur des maisons, s'est fort bien adapté, lui aussi, à la vie domestique.

Rapidement, il s'attache à son maître, qu'il repère depuis sa cage : le rat est un gentil compagnon. Il aime être pris dans les bras ou sur les genoux, adore que l'on caresse son pelage long et raide. Lorsqu'il est dans sa cage et qu'on lui apporte ses repas, il s'approche des barreaux pour manifester sa reconnaissance. Il faut avouer que la nourriture constitue pour lui un véritable trésor. C'est un vrai glouton ! Il grignote à longueur de temps. Pour devenir son ami et le rester pendant les trois ou quatre années de sa vie, offrez-lui régulièrement sa friandise préférée : le fromage, bien sûr ! Il n'oubliera pas votre geste. Cet animal est doué d'une bonne mémoire.

Très intelligent, le rat est, comme le hamster, doté d'un sens de l'organisation exemplaire. C'est une qualité qui caractérise le rat à l'état sauvage. Il n'y a qu'à observer son terrier pour s'en rendre compte : on y

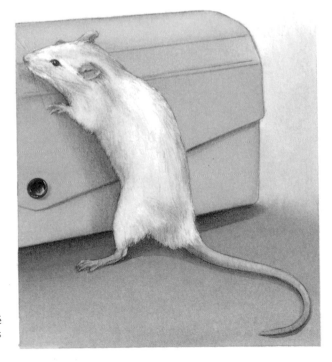

Le rat blanc est très attiré par l'homme et les objets de la maison.

trouve 16 à 48 couloirs, 8 à 15 chambres et autant de sorties.

Dans sa cage, le rat a gardé cette habitude de creuser. Il y aménage ses cachettes, se cherchant obstinément une activité, car le rat blanc déteste l'oisiveté. Il fait de l'exercice physique, saisit ses graines, boit avec avidité ; il a toujours un prétexte pour s'occuper.

Quand il se consacre à sa toilette, il y met vraiment du sien : il se lisse le poil avec les ongles, sérieux et concentré. Montrez-vous coopératif en le brossant et en le peignant. Le rat blanc se laisse faire comme un chaton.

Ce rongeur qui pèse entre 300 et 350 grammes et mesure entre 15 et 22 cm, a un point faible : c'est sa queue. Longue de 20 cm, elle comprend plus de muscles que votre main, mais elle est très fragile. Ne saisissez jamais votre rat par la queue. Comme la souris, le rat a les yeux tout rouges, la tête allongée et le museau pointu.

Mais alors, excepté la taille, qu'est-ce qui distingue les deux animaux ? La différence se situe au niveau des dents. Le rat blanc ne possède pas une première molaire aussi voyante et aussi allongée que celle de sa cousine germaine.

En tout cas, sachez-le, le rat blanc, contrairement à tout ce que l'on a pu dire, ne mord pas. Le plus sociable des rongeurs connaît davantage les règles de la courtoisie.

Un mâle ou une femelle ?

Pris isolément, le mâle et la femelle ont pratiquement les mêmes habitudes dans la famille des rongeurs. Mais si l'on est déterminé et que l'on a une préférence pour l'un ou pour l'autre, il faudra apprendre à les différencier. Il suffit d'appuyer doucement avec le pouce et l'index de part et d'autre de l'orifice génital. On aperçoit alors le pénis du mâle, une forme proéminente, ou la vulve de la femelle, dessinée comme une fente. Chez le hamster, il y a une autre façon de distinguer le sexe : le mâle possède un derrière allongé, celui de la femelle est rond comme une pomme.

En haut : le hamster mâle dont on aperçoit le pénis. En bas : la femelle reconnaissable à la vulve.

Seul ou en couple ?

Cette question est primordiale. Il ne faut jamais oublier que ces petits animaux sont extrêmement

Des bébés et encore des bébés, telle est la vie des rongeurs.

prolifiques (voir page 84). On a calculé qu'un seul couple de hamsters pouvait générer 100 000 descendants. Il y a de quoi avoir la berlue !

Il faut donc être prudent et savoir si l'on pourra nourrir une grande famille de lapereaux ou de souriceaux. Est-ce bien raisonnable ?

Ne croyez pas qu'un rongeur va se languir au fond de sa cage parce qu'il vit en solitaire. N'êtes-vous pas son ami ? C'est à vous de lui éviter l'ennui. Ces petits rongeurs, devenus animaux familiers, sont faits pour partager l'existence de l'homme. Ils comptent sur lui. Il n'est pas très difficile de les contenter : c'est précisément en fin de journée, à l'heure où ces petits amis vaquent à leurs occupations, que l'être humain regagne son foyer.

Prenez-le dans vos bras, cajolez-le, occupez-vous de lui. Alors, il sera heureux.

Et puis, réflexion faite, ces animaux qui aspirent à une vie paisible, préféreront sans doute votre amitié aux bagarres incessantes avec leurs partenaires. Ces rongeurs, bien qu'ils soient toujours prêts à s'accoupler, ne sont pas vraiment faits pour le mariage. Les scènes de ménage se multiplient. Et comme il leur manque la parole pour proférer leur vengeance, c'est par les coups et les morsures qu'ils se défoulent.

Seuls les hamsters ont quelque prédisposition pour la vie à deux. Mais c'est chacun pour soi, chacun chez soi. D'ailleurs, à l'état sauvage, ils se construisent leurs terriers respectifs, évitant ainsi tout rapprochement.

Le cobaye supporte également les contraintes de la cohabitation mais, peu de temps après la déclaration d'amour, le problème va se poser. Une fois le coup de foudre passé, commence l'heure de vérité : la présence d'un compagnon devient intolérable.

À chacun sa cage, tel est le principe de nos rongeurs. Et si vraiment on tient à avoir des petits, il faudra réunir les partenaires seulement le temps des noces, à un moment opportun (voir p. 88). Après la cérémonie, la séparation s'impose.

Copains ou copines

Mais puisque les couples de rongeurs ne font pas bon ménage, peut-on en faire des copains-copains, en réunissant des individus du même sexe ? Là encore, ce n'est pas une réussite. Et si les femelles se tolèrent un peu mieux entre elles, les mâles s'affrontent en combats acharnés.

Les cobayes sont agressifs. Ils se déplacent comme des jouets mécaniques puis s'arrêtent brusquement comme si un ressort se brisait. Quant aux lapins nains, ils se rouent de coups.

Jeune ou adulte ?

Cela va de soi : c'est un jeune qu'il vous faut. En effet, si vous prenez un animal adulte, à peine allez-vous vous attacher à lui, il devra vous quitter. L'espérance de vie est brève chez ces petits animaux. A un an, un hamster est déjà à la moitié de sa vie... Et puis un animal est toujours plus facile à apprivoiser dans son jeune âge.

Il faudra donc être vigilant lorsque vous choisirez votre compagnon. Comme chez les humains, quelques signes distinctifs trahissent le nombre des années chez les rongeurs. Chez le hamster par exemple, la jeunesse se lit dans les oreilles : c'est très curieux mais lorsqu'il est jeune, la face interne est tapissée de poils blancs. Puis, au fur et à mesure qu'il vieillit, ces poils vont disparaître et ses oreilles vont devenir nues et luisantes. Qui l'eût cru ? Ce petit malin ne fait vraiment rien comme tout le monde !

On ne saurait deviner ce genre de détails et mieux vaut être au courant avant de s'emballer pour une frimousse qui brille plutôt que pour des poils blancs.

Le bon âge pour quitter maman...

RONGEUR	Âge en semaines
Lapin	8
Hamster	3
Cochon d'Inde	5
Rat	3
Souris	3

Où trouver son rongeur ?

Désormais plus rien ne vous arrête pour acquérir votre prochain compagnon. Vous savez déjà quelle tête il aura sans l'avoir jamais vu ! Et pourtant, tout reste encore à découvrir.

L'acheter

Chez un marchand : Le premier réflexe que l'on a, c'est de se rendre dans une animalerie. La solution paraît simple. Elle n'est pas forcément la meilleure. On ne sait jamais si son cochon d'Inde ou le rat blanc, dont on nous vante le tout jeune âge, est au magasin depuis une semaine, quinze jours ou deux mois... Ces animaux sont peut-être affectés par l'ennui ou la solitude. Et, dans ce cas, l'on ne pourra accomplir des miracles. On ne peut rendre la jeunesse à un sujet âgé et il n'est pas évident de rendre la joie de vivre à un rongeur stressé.

Il faut donc obtenir des renseignements précis sur votre futur animal. Un bon marchand doit connaître les habitudes d'un cochon d'Inde, ses besoins ali-

Voilà des petits animaux bien tentants pour les enfants ! Mais il faut avoir bien réfléchi avant de choisir.

mentaires et son cadre de vie. Et s'il trace un portrait idyllique de cette petite merveille, "jamais malade", "pas difficile", restez sur vos gardes. Comme nous, le cobaye ou le hamster a ses points faibles. L'important est donc de prendre un animal parfaitement sain.

Ce serait trop triste en effet de le voir s'affaiblir et mourir une fois qu'on l'a accueilli à la maison. Eh oui, cela peut arriver.

Bien sûr, il ne faut pas généraliser. Cet incident ne va pas se produire à chaque fois que l'on se rend chez un vendeur animalier. Il existe des marchands très scrupuleux qui savent vous donner de bons conseils. Mais c'est à vous de faire attention et de ne pas vous précipiter sur le premier animal aperçu dans la boutique.

Chez un éleveur : l'autre solution consiste à aller chercher votre petit "trésor" chez un éleveur. Vous obtiendrez des adresses en écrivant ou en téléphonant à un club spécialisé (voir p. 144), qui pourra même vous indiquer l'éleveur le plus proche de votre domicile. Là, vous aurez affaire à une personne qui a choisi de consacrer son métier aux petits animaux à poil. Cela ne se fait pas sans passion. On a donc des chances de rencontrer non seulement un bon connaisseur mais quelqu'un qui sait aimer les rongeurs.

C'est d'ailleurs dans l'intérêt de l'éleveur d'être à leurs petits soins. Il surveille leur santé, leur donne à manger, change leur litière. Il connaît même leurs petites manies, et il peut vous dire tout de suite à quel "phénomène" vous allez vous frotter ! C'est lui, en quelque sorte, qui vous aide à établir le premier contact avec votre futur ami. Une caresse, un mot doux... peut-on repartir sans l'une de ces adorables créatures ?

La première entrevue est souvent comme un coup de foudre. On ne peut plus oublier cet animal de charme. Son image trotte dans la tête et, à peine a-t-on tourné les talons, on a déjà envie de venir le revoir... c'est qu'il commence à nous manquer. Plus rien alors ne sert d'hésiter, il faut l'acheter. Par chance, c'est encore plus simple pour un rongeur que pour un chien ou un chat : il n'y a pas de formalités administratives.

Quels papiers pour le rongeur ?

Aucun papier n'est obligatoire. N'attendez pas que l'éleveur vous remette un acte de vente ou un certificat de vaccination... Cela n'existe pas pour nos petits rongeurs ! Peut-être fera-t-on exception pour le lapin nain qui peut être vacciné contre la myxomatose. Mais rien n'oblige à prendre de telles précautions dans les élevages. Ce sera à vous de faire vacciner votre favori pour le protéger contre cette maladie mortelle (voir p. 69).

En fait, c'est la seule démarche particulière à prévoir lors de l'achat d'un rongeur. Surtout s'il s'agit d'un petit compagnon ordinaire, sans pedigree. En revanche, si vous choisissez un animal de race, on vous proposera un papier : le certificat de tatouage.

Eh oui, cela existe aussi pour ces sauvageons. Et il n'y a pas de raison pour qu'ils n'aient pas, eux aussi, leur carte d'identité.

Le certificat de tatouage : ce papier est délivré à la suite d'une petite intervention que l'on appelle précisément le tatouage. Il donne tous les renseignements permettant d'identifier votre animal : numéro, sexe, race, date de naissance, ainsi que le nom de l'éleveur et votre nom. Le tout est enregistré dans un fichier central. Pour les petits animaux, cet organisme s'appelle la Société Centrale d'Aviculture de France.

Il arrive aussi que ce papier fournisse le détail des origines du rongeur. Surtout si cette "graine de champion" doit faire le beau dans les concours. D'ailleurs, c'est pour participer aux expositions que votre cobaye éthiopien ou votre lapin nain polonais a réellement besoin de certificat de tatouage. Mais à part cela, à quoi ça sert ?

Une chose est sûre : vous n'avez plus à vous demander si votre ami est jeune ou arrière-grand-père. Son âge est indiqué clairement. C'est déjà un avantage qui évite bien des désillusions.

Enfin, si d'aventure votre ami franchissait la porte de la maison, vous auriez peut-être l'espoir de le retrouver. Mais il ne faut pas rêver. On ne peut avoir la même garantie que pour un chien ou un chat.

Pour un rongeur en goguette, tout est démesuré. Il risque à tout moment de se faire écraser. Son premier réflexe, dans sa panique, est souvent de prendre la fuite. Va-t-il disparaître à tout jamais ?

Si vous perdez votre rongeur

Si par hasard, pendant les vacances (voir p. 143), votre lapin nain dépasse le cadre du jardin, vous avez peut-être une chance de le revoir. Pour peu qu'un voisin songe à apporter votre intrépide au commissariat de police le plus proche, à la SPA ou à un autre organisme compétent, il est possible de savoir à qui il appartient : il n'y a qu'à regarder dans ses oreilles. En partant du numéro de tatouage, on peut retrouver votre nom et votre adresse. Il suffit d'appeler la Fédération Française de Cuniculiculture ou la Société Centrale d'Aviculture de France (voir adresse p. 144) C'est magique, non ?

Il y a une chance pour qu'il se trouve nez à nez avec votre voisin. Celui-ci, en apercevant le tatouage du rongeur, aura la puce à l'oreille. Et il consentira peut-être à accomplir les démarches nécessaires (voir encadré).

Qu'est-ce que le tatouage ?

C'est une opération indolore, réalisée sous anesthésie locale par un tatoueur ou un vétérinaire. Elle est exécutée à l'intérieur de l'oreille de l'animal, où l'on va porter le numéro de son identité. Pour tatouer les rongeurs, on utilise deux procédés :

- l'inscription à l'encre indélébile réservée au lapin nain ;
- le pastillage, employé pour le cochon d'Inde et les autres.

Chez le lapin nain : impossible de décliner son identité dans une seule oreille ! Il n'y a pas assez de place. Il faut donc utiliser les deux oreilles pour inscrire la numérotation complète.

Dans l'oreille droite, on marque une lettre et deux chiffres.

Dans l'oreille gauche, on écrit les chiffres correspondant à trois éléments : le mois de naissance, l'initiale du pays d'origine (F pour France), le millésime de l'année de naissance (le dernier chiffre suffit). Par exemple pour un animal né en mars 1994, cela donne la numérotation suivante : 03.F.4

Pour le cochon d'Inde : il est tellement sensible et il a

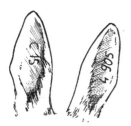

Une oreille de lapin nain ne suffirait pas pour contenir le numéro de tatouage.

l'oreille si fragile qu'il a fallu faire preuve d'imagination pour ne pas le blesser. Pour lui, on a donc inventé la méthode du pastillage. Il s'agit d'une pastille numérotée que l'on fixe à l'aide d'un petit clou. La couleur de la pastille varie en fonction de l'année de naissance.

C'est un procédé original qui n'est pas encore très répandu. Le tatouage des cochons d'Inde n'existe qu'en France. Dans les autres pays, on connaît bien le pastillage, mais la différence, c'est que l'on tatoue plutôt les rats, souris, hamsters . En tout cas, pour l'instant, à la différence des chats et des chiens, le tatouage ne concerne que les rongeurs de race. Peut-être votre compagnon de rêve n'en fait-il pas partie ?

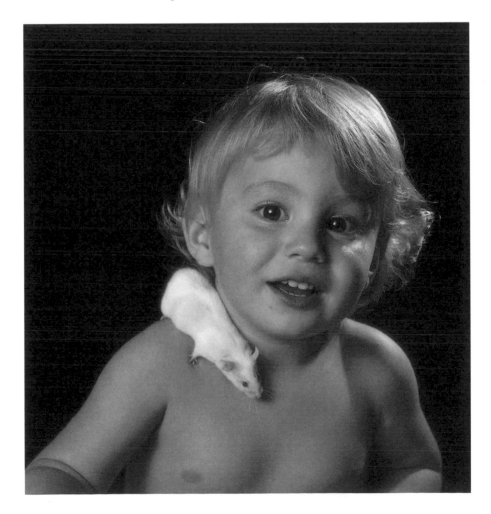

LE NOUVEAU VENU

Êtes-vous prêt à l'accueillir?

Maintenant que vous êtes sûr de votre choix, il ne vous reste plus qu'à organiser l'arrivée de votre ami. Soyez prêt à lui réserver le meilleur accueil. Ce jour-là, il a besoin d'une attention toute particulière. Il faudra lui consacrer beaucoup de temps, rester à ses côtés. C'est à vous de l'aider à s'adapter à sa nouvelle maison, à s'intégrer parmi votre entourage.

Certes, il est normal qu'il se sente un peu perdu dans cet univers inconnu. Tous les rongeurs sont ainsi : ils détestent le bruit, redoutent le mouvement. Très vite, ils sont stressés par les jappements du chien, le va-et-vient dans l'entrée. Alors, ce jour-là, pas de remue-ménage autour de votre protégé ! Une atmosphère calme et paisible lui permettra plus rapidement de se sentir dans ses murs.

Comment le ramener ?

Surtout pas dans la poche ! Il a beau être de petite taille, il a tout de même besoin de respirer. Et s'il se sauvait, il pourrait se faire écraser sans que l'on ait eu le temps de réagir. Surtout si on l'oblige à faire le voyage en bus ou en métro, serré contre la foule... c'est l'enfer. Et puis, vous trouveriez peut-être désagréable qu'il vous chatouille ou escalade le haut de vos cuisses. Ce ne sont pas, tout compte fait, des conditions idéales pour commencer une nouvelle amitié.

Vous pouvez mettre votre compagnon dans une boîte mais pas n'importe laquelle. Surtout pas dans une boîte en carton ! Il aurait vite fait d'agrandir les

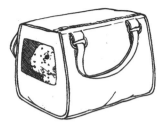

Pour ramener le rongeur à la maison, aller chez le vétérinaire,l'emmener en vacances... le sac de transport est indispensable.

trous d'aération qu'il aménagerait en sortie de secours ! Et pour peu que le trajet dure plus longtemps que prévu, il vous faudrait jouer à cache-cache dans la voiture. La plaisanterie peut vous sembler de mauvais goût, mais c'est pire pour votre ami. Il a une peur bleue de ces jeux de course-poursuite ! En plus, cela risquerait de gâter ses premiers moments à la maison. Ce serait vraiment dommage.

Installez-le plutôt dans un sac de transport, conçu spécialement pour ces petits animaux. Vous lui éviterez tous ces déboires. Et puis, ce sac que vous trouverez dans les magasins spécialisés ne vous sera pas superflu. Au contraire, il vous paraîtra indispensable pour les prochaines sorties de votre compagnon, en week-end, en vacances (voir p.138) ou bien lorsque vous serez obligé de l'emmener chez le vétérinaire. Toutefois, si vous êtes très pressé de ramener votre souris ou votre lapin nain, avant d'avoir acheté le fameux sac de transport, contentez-vous dans l'immédiat d'une caisse en bois. Tout simplement. Mais attention ! Cela ne conviendra pas au hamster qui est le champion des petits trous. Il a l'art de transformer en dentelle tout ce qu'il peut se mettre sous la dent !

En tout cas, ne prenez pas une caisse trop petite. Pour transporter le cobaye, par exemple, qui est le plus gros de nos rongeurs, avec ses 30 cm de longueur, prévoyez-en une qui mesure au moins 10 cm de plus que l'animal. Comptez autant pour la largeur et la hauteur.

Évidemment, pour la souris, qui a une taille de guêpe, cela paraîtra colossal. Un vrai camion ! Cela n'a pas d'importance. Le seul détail qu'il faille encore ajouter à toutes ces précautions, c'est le système d'aération. Utilisez tout simplement un grillage en guise de couvercle. Ainsi, votre ami ne manquera sûrement pas d'air. Et maintenant, le voici fin prêt pour la route.

Est-ce que chez vous tout est prêt ?

Son chez soi

À la différence du chien ou du chat, qui vont et viennent dans l'appartement, le rongeur possède un "chez soi", à l'intérieur de la maison. C'est quelque chose de vital pour lui. C'est dans sa cage qu'il organise son temps : manger, jouer, dormir. Il doit y être tranquille et indépendant. Il peut y observer son maître du coin de l'œil, bien à l'abri dans sa propriété privée. Car ce qu'il lui faut, c'est voir ce qui se passe autour de lui. Pas question de l'isoler !

L'emplacement de la cage est donc d'une importance capitale pour le rongeur. Va-t-on installer son hamster ou sa souris au garage, dans la cuisine, ou dans la chambre à coucher ?

Il vit au milieu de nous : il faut le savoir : un rongeur, privé de compagnie, peut mourir d'ennui. Et puis, ce serait malvenu de l'amener à la maison pour ne pas le faire profiter de la vie de famille ! Il va donc vivre parmi vous mais pas à n'importe quel endroit.

Une bonne température : à la limite, la pièce où il sera installé a moins d'importance que la température ambiante. Il peut être heureux dans un cagibi où il vous verra bricoler, pourvu qu'il y soit bien, c'est-à-dire qu'il n'y fasse ni trop chaud, ni trop froid. L'idéal est une température constante, qui n'excède pas 21 °C et ne descende pas en dessous de 15 °C.

En effet, les écarts de température sont une véritable plaie pour ces petits animaux fragiles. Ils risquent des maladies parfois mortelles (voir p. 68). S'ils craignent le froid et l'humidité, ils ne supportent pas non plus les excès de chaleur. Il faut donc être très prudent. Pas de place au soleil ! La cage doit toujours être placée à l'ombre, dans un endroit pas trop frais non plus. Ainsi, votre cher et tendre ami bénéficiera des meilleures conditions pour vivre en pleine forme.

À l'abri des courants d'air : attention ! Le rongeur est très sensible aux courants d'air. Ce n'est pas dans l'entrée, par exemple, où l'on ne cesse d'ouvrir et fermer la porte, que votre compagnon sera à l'abri des coups de froid, rhumes et pires ennuis.

Dans la cuisine : le mieux est sans doute dans la cuisine où il jouit d'une bonne atmosphère. Là au moins, ce petit futé est sûr d'avoir du spectacle à horaires fixes. De plus, on ne risque pas d'oublier de lui donner à manger !

En tout cas, c'est indéniable : la cuisine est beaucoup plus confortable que le garage par exemple. En admettant que cette pièce soit chauffée, ce pauvre animal va respirer les vapeurs d'essence. C'est vraiment malsain. De surcroît, peut-être va-t-il manquer de visite. Il y a de quoi se sentir exclu, il ne va pas tarder à se morfondre. Et puis, dernière hypothèse : ne risque-t-on pas, par oubli, de lui faire sauter des repas ?

Ne le mettez pas dans votre chambre : quant à mettre votre petit ami dans votre chambre à coucher, on ne saurait trop vous le déconseiller, car il ne se gênerait pas pour vous réveiller ! C'est la nuit qu'il s'affaire, grignote, et ses bruits de mâchoire paraissent plus bruyants dans le silence nocturne que dans la journée où l'on regarde la télé ou l'on écoute la radio.

Mais le bruit n'est pas le seul désagrément. L'odeur aussi nous importune. Même si le rongeur a la particularité d'être propre, on ne peut l'empêcher de faire pipi et de dégager un parfum quelque peu nauséabond. Bonjour les dégâts ! Qui bat les records en la matière ? C'est la souris. Mieux vaut ne pas dormir près de sa litière (voir p. 48).

Sa maison

Maintenant vous savez tout sur les exigences et les défauts de ce bon petit diable. Il n'y a plus qu'à réserver un coin tranquille dans la maison pour y placer sa résidence.

On a le choix dans les magasins spécialisés : il y a des cages de toutes sortes. Elles sont forcément en métal ou en plastique. En effet, le rotin ou le bois ne résisteraient pas longtemps aux dents des petits rongeurs. Et à la longue, ces matières finiraient par être imprégnées d'urine.

Un toit sera bien utile pour ces petits timides qui ont besoin de se sentir bien à l'abri. C'est d'ailleurs une garantie de sécurité lorsque Médor leur prête une trop grande attention... Et vous, vous aurez l'esprit tranquille si par hasard l'envie leur prend de s'échapper. Ces petits malins ont l'esprit fugueur.

C'est la raison pour laquelle la maison des rongeurs est dotée d'une ouverture située non pas à leur niveau mais à 10 cm du sol. C'est déjà plus difficile de prendre la poudre d'escampette (mais rien n'est impossible pour ces cœurs vaillants!). C'est par cette porte également que l'on distribuera de la nourriture.

Il est important de choisir une cage avec un fond amovible. C'est très pratique pour l'entretien (voir p. 48) car on peut ôter la litière souillée et la remplacer par de la litière fraîche sans jamais déranger l'occupant. Il suffit de retirer le récipient à déjections, placé sous le plancher où se tient l'animal. Quoi de plus simple ? Avec nos petits rongeurs, on n'est pas obligé de faire le ménage tous les jours.

Question importante : la taille de la maison. Tout dépend du nombre d'individus qu'elle va abriter. Va-t-on aménager un studio de célibataire ou une maison familiale ? Ses dimensions peuvent passer du simple au double. En fait, c'est comme pour nous. A la différence que chez les rongeurs, à partir du moment où l'on met un couple ensemble, on peut prévoir, à coup sûr, un logement pour grande famille. On compte, de manière générale, 1 m de long, 40 cm de large, 40 cm de haut pour que toute la ribambelle vive à l'aise. Dans l'affaire, la place du

Dans sa maison, le hamster a besoin d'un garde-manger, d'un tourniquet... et d'un escalier pour grimper à l'étage.

4

père est vacante puisque la mère est seule à s'occuper de ses petits (voir p. 101). Ceci laisse davantage d'espace à toute cette petite famille.

Quelle forme aura cette maison ? Carrée, ronde, rectangulaire, en forme de cylindre ou de parallépipède... tout est possible. Elle peut également être à étages ou être constituée uniquement d'un rez-de-chaussée. Encore une fois, cela varie selon l'individu qui loge à l'intérieur. Le cochon d'Inde serait perdu dans la cage à étages du hamster, qui est une vraie maison de sportif. Et, à l'inverse, l'intrépide hamster ferait piètre figure dans le modeste séjour du cobaye.

Un duplex pour le hamster : vivre à l'étroit est la pire des choses pour ce marathonien. Il lui faut de l'espace pour s'entraîner chaque jour dans sa salle de gym mais aussi pour aménager son magasin où il stocke ses graines. Il lui faut encore installer sa salle à manger où il exige un minimum de confort, sans oublier sa chambre à coucher où il dort comme un loir. Cela fait donc quatre pièces pour ce grand seigneur, qui, en taille, ne dépasse pas notre main !

Gym-tonic, tout un programme chez le hamster !

Aux États-Unis, on fabrique de véritables palaces pour le hamster doré. Les quatre pièces sont réparties en quatre étages. Evidemment, pour le rendre heureux, point n'est besoin de lui offrir une résidence 4 étoiles. Mais il est impossible de ne pas lui proposer une maison à étages.

Cette architecture implique un escalier. Sachez que c'est peut-être l'endroit le plus fréquenté par notre vif-argent : il adore monter et descendre les marches. C'est vrai que le devoir l'appelle : il faut bien qu'il transporte ses graines de bas en haut, et vice versa, dans sa salle des pas perdus.

De toute façon, la maison à étages est pratiquement devenue un modèle standard dans le commerce. Elle est généralement de forme cylindrique, aménagée d'escaliers en spirales. C'est tellement plus drôle pour notre diablotin d'accéder au niveau supérieur en tournicotant.

N'oublions pas que nous avons affaire à un équilibriste de première classe, un expert en galipettes. D'ailleurs, une maison de hamster sans tourniquet serait comme un jour sans graines. Cet accessoire en forme de roue s'impose. Sinon, comment tiendrait-il son planning de gym tonic ? Le sport, c'est sérieux chez cet animal...

Un rez-de-chaussée pour le cobaye : lui, c'est un père tranquille, qui préfère rester au sol. Inutile de lui proposer une maison à étages : le cochon d'Inde ne va pas se hasarder à grimper les marches de l'escalier. Il n'a pas besoin non plus de tourniquet, de roue ou d'autre matériel de sport : l'acrobatie n'est pas son style. En revanche, il lui faut à lui aussi une maison spacieuse. Prévoyez 60 cm de large, 60 cm de long et 30 cm de haut s'il vit seul. Elle sera deux fois plus grande s'il est en couple.

Rien ne vous empêche de fabriquer la maison du cochon d'Inde. C'est facile. Une simple caisse lui conviendra parfaitement. Et pour ce rongeur pas comme les autres, on peut même choisir une caisse en bois. Contrairement à ses petits camarades comme les hamsters et lapins nains, le cochon d'Inde n'ira pas se faire les dents sur les parois.

Avec ou sans toit ? Là encore, on a la possibilité de choisir. Ce n'est pas lui, tout rondelet qu'il est, qui va se mettre à faire le mur. Le cochon d'Inde ne

Ci-contre :
À la maison, le cochon d'inde a une place réservée : à l'abri des courants d'air et surtout pas en plein soleil.

détient pas le premier prix d'escalade. En revanche, si vous craignez quelques accrocs avec le chien de la maison, n'hésitez pas : il lui faut un toit. Dans ce cas, il a besoin d'un refuge pour être en totale sécurité.

Maintenant il ne vous reste plus qu'à poser un plastique sur le fond que vous recouvrirez de sable ou de litière à chat. Cette maison est toute à l'image du cochon d'Inde : vraiment pas compliquée !

L'appartement du lapin nain : Ie n'est pas parce qu'on l'appelle "lapin nain" qu'il doit vivre dans l'exigu. Au contraire, parmi les rongeurs, c'est lui qui doit être le mieux loti en matière d'espace. C'est normal : on ne loge pas un lapin nain de 1000 grammes comme une souris de 20 grammes ! Bien sûr, à poids égal, le cochon d'Inde se contente d'un espace plus réduit, mais il n'a pas le même champ d'action. Lui, il a plutôt tendance à rester vissé au sol. Ce n'est pas le cas du lapin nain, un champion du saut à ressort !

Pour s'adonner à son sport favori, il lui faut un minimum de place. Un manque de hauteur l'empêcherait de faire son entraînement. Avec une longueur insuffisante, il ne pourrait arpenter son gymnase de long en large, comme il aime faire à ses heures de jogging. L'idéal est que sa cage en plas-

Ci-dessous :
De l'espace avant toute chose : on ne loge pas un lapin nain de 1 kilo comme une souris de 20 grammes.

Pour la souris aux dents longues, il faut une maison en métal.

tique mesure 1 m de long sur 50 cm de haut et 50 cm de large.

Elle est dotée d'une porte placée sur le devant ou bien sur le côté. En effet, mieux vaut éviter l'ouverture sur le sommet. Cela complique la tâche lorsqu'il faut extirper l'animal pour le mettre en liberté. Attention, il n'est pas question de saisir le lapin nain par les oreilles ! Il faut pouvoir l'attraper gentiment sous le ventre. Et pour cela, il faut se trouver en face de lui.

Comme pour les autres rongeurs, prévoyez un récipient à déjections que l'on peut enlever et remettre au moment où l'on change de litière. Par-dessus, un grillage qui isole le lapin nain de ses saletés, sera un meilleur gage de propreté. Lui qui déteste avoir les pattes dans la litière humide, pourra garder les pieds au sec. N'oublions pas que ce petit délicat est propre comme un chat.

Avec Minou, il a un autre point commun : il est amoureux du confort. Dans sa chambre à coucher, située à l'endroit qu'il a lui même choisi, laissez un vieux pull ou une vieille couverture. Il ne tardera pas à comprendre qu'il peut se blottir sur son nouveau matelas et y dormir du sommeil du juste.

Une maisonnette pour la souris : ni rotin, ni carton ! La

coquine aurait tôt fait de tout mettre en lambeaux. Elle a beau être le plus petit des rongeurs, la souris a tout de même les dents longues. C'est donc une maison en métal qu'il lui faut. Pour ce petit modèle qui ne mesure même pas un décimètre, on choisira la plus petite des cages. Imaginez un cube de 20 cm de côté et vous aurez exactement ce qu'il faut. Cette maison miniature pourra satisfaire notre petite folle du logis. Mais attention ! la souris est si menue qu'elle peut à l'aise passer par les barreaux. Seul un très faible écartement pourra la dissuader de fuir.

A l'intérieur de la maisonnette, on placera un tourniquet. L'acrobate s'en donnera à cœur joie. Surtout si l'on y ajoute une échelle, une cordelette fixée en plein milieu. Minnie petite souris n'aime rien tant que de se pendre par la queue. Quelle agilité ! Et si vous lui offrez une balançoire, vous faites à coup sûr une bienheureuse.

La maison du rat : elle est construite sur le même modèle que l'habitation de la souris. Mais pour ce géant, qui est cinq fois plus grand, queue comprise, et quinze fois plus gros que notre souricette, il faut

L'espace vital du rat est plus important que celui de la souris, cinq fois plus petite.

pousser les murs. Une cage de 60 cm de long sur 30 cm de haut et 40 cm de large lui conviendra parfaitement.

Chez lui comme chez sa cousine, il faudra une porte sur le côté ou sur le devant, un fond tapissé de copeaux de bois et bien sûr certains accessoires nécessaires à sa gymnastique : échelle, balançoire. Peut-être ne va-t-il pas les utiliser aussi souvent que la souris. Peu importe, il doit pouvoir s'exercer selon son gré. Il n'y a pas de raison pour que notre bon glouton, parce qu'il vit dans une grande maison, se mette soudain à arrêter le sport !

La litière

Elle sert à absorber les urines et les odeurs. Il faudra la changer très souvent, au moins une fois par semaine. Peut-être même serez-vous obligé de faire ce petit ménage tous les deux jours. En tout cas, pour la souris, par exemple, vous n'hésiterez pas. Elle a le chic pour se rappeler à votre bon souvenir, rien que par son odeur (voir p. 40). On a beau dire que les rongeurs sont inodores, lorsqu'ils font pipi, cela ne sent pas non plus la rose !

Heureusement, on peut leur proposer une litière parfumée. Mais tous ne la supportent pas. Le hamster déteste carrément ce côté raffiné. Inutile d'insister ! Il est capable de rester prostré pendant des heures pour manifester son désaccord. On ne perd pas comme ça ses habitudes de sauvage !

Et puis, de toute façon, ce n'est pas non plus une solution idéale. Ce n'est pas en mettant du parfum

---

Le choix d'un nom

Il faut bien sûr donner un nom à son rongeur. C'est par ce moyen qu'on peut le rappeler à l'ordre lorsqu'il est en liberté, et c'est aussi une manière de lui montrer qu'il existe. Alors, quel nom choisir ? Tout dépend de la couleur, de la personnalité, du comportement de ce nouvel ami. A vrai dire, c'est un peu "à la tête du client".
En ce domaine, tout est permis. Et comme il n'existe pas de calendrier "rongeur" comme pour le chat et le chien, il reste à faire appel à son imagination. Est-ce si difficile ?

La litière doit être renouvelée très souvent.

que l'on va ôter l'humidité. Or, nos rongeurs ont la spécialité, surtout le lapin nain et le cochon d'Inde, d'uriner énormément et très souvent. On ne va pas pour autant les laisser patauger dans leurs excréments répandus çà et là dans le récipient à déjections. Il faut le savoir : ces petits souillons ont tendance à s'oublier un peu partout.

Mais tous, il est vrai, ne restent pas si indifférents aux règles du savoir-vivre. En la matière, le lapin nain a une tenue exemplaire : il choisit toujours le même endroit pour aller au petit coin. Un vrai modèle de propreté !

En fait, chez ces animaux, chacun a ses petites manies, voire ses petites folies. Il va donc falloir utiliser une litière saine, adaptée à chacun. Par exemple, la litière à chat qui convient parfaitement au lapin nain ne sera pas recommandée pour le cochon d'Inde : le bougre, il mange des granulés !

D'ailleurs, le cobaye, en ce domaine, est le plus difficile à satisfaire. Surtout, évitez de lui proposer une litière faite avec de la sciure de bois : ce délicat peut y être totalement allergique et souffrir d'une inflammation des yeux.

C'est sûr qu'une telle litière présente quelques

inconvénients. Par exemple, elle colle aux poils lorsqu'elle est humide. Et pour les poils longs tels que ceux du Shelty, c'est vraiment la poisse !

En plus, il arrive que la sciure de bois contienne des échardes. Attention ! ces épines peuvent blesser ces petits animaux et être très dangereuses. Mieux vaut utiliser la litière de chanvre ou la litière de paille, ou bien encore le foin sec. C'est beaucoup plus agréable et plus confortable. En tout cas, la souris, le rat et le hamster apprécieront.

On trouve aussi dans le commerce des litières qui conviennent assez bien aux rongeurs. Elles sont constituées de granulés ou de compresses de bois blanc. Il existe également la litière à base de sépiolite, c'est-à-dire d'argile. C'est sans doute la plus absorbante. Elle est idéale pour le lapin nain ou le cobaye qui inondent tout sur leur passage. Là, on est tranquille. On est sûr que ces bienheureux auront toujours les pieds au sec.

Toutefois, il se peut que certains animaux ne supportent pas la litière achetée dans le commerce. N'essayez pas de la remplacer par du papier journal découpé en fines lamelles : votre rongeur jugerait bon d'avaler les morceaux. Proposez-lui plutôt une litière de sable sec. Tout goinfre qu'il est, il n'aura pas l'idée d'y mettre les dents !

Son couvert

Si l'on prend un abreuvoir et une mangeoire trop légers, le coquin va s'empresser de les renverser ! Le jeu consiste à mélanger le menu à la litière, et à priver le maladroit d'eau fraîche et de nourriture. Certes, à ce moment-là, il n'a plus grand-chose de sain à grignoter. Quelle mixture ! Les feuilles de laitue et les bouts de carotte s'ajoutent aux excréments et à l'urine… Tout ceci n'est guère appétissant. Mais il y a pire : le problème, c'est que les aliments risquent de pourrir. Ils vont alors provoquer de terribles maux de ventre chez le rongeur (voir p. 120) et ce pourrait être fatal pour lui. C'est pourquoi il faut faire attention à la stabilité des récipients. Le mieux est de les fixer à la cage.

La mangeoire doit être accrochée à 10 cm au dessus de la litière : à cette hauteur, le diablotin ne pourra aller faire ses acrobaties ni souiller ses aliments. Pour

Le ratelier et la mangeoire doivent être fixés aux barreaux de la cage., sinon les petits intrépides renversent toute la nourriture.

Comment le caresser ?

À part les tout premiers jours de son arrivée,
durant lesquels il a peur qu'on le touche, le rongeur
a besoin d'être câliné. Comme le chien ou le chat,
il aime avoir des caresses sur la tête, derrière les oreilles
ainsi que sur le dos et sous le ventre.
Mais attention ! Il faut être très mesuré et,
à tout moment, faire preuve de délicatesse
et de douceur. Sinon, au lieu de rassurer son petit
animal, on risque de l'effrayer.
Pire encore : on peut lui faire très mal.
Attention à ne pas serrer !
Sa colonne vertébrale est fragile comme du verre.
Ou presque. Chez la souris, par exemple, les omoplates
sont plus minces qu'une feuille de papier !

plus de précautions, on peut aussi recouvrir la mangeoire d'un couvercle.

L'abreuvoir ne doit être ni trop profond ni trop grand, un rongeur peut se noyer dans un verre d'eau... Le moindre plongeon et c'est la catastrophe ! Gardez-vous de lui proposer un pot à moutarde ou un pot à confiture.

Fort heureusement, on évitera ce drame en utilisant de préférence un abreuvoir-sabot. Il suffit de fixer une petite bouteille d'eau en plastique, le goulot tourné vers un récipient de 3 cm de profondeur. Ce niveau d'eau est suffisant pour que le rongeur boive jusqu'à plus soif.

Autre solution : le biberon. Il est accroché aux barreaux de la cage, la tétine tournée vers le bas. Par ce moyen, votre compagnon peut boire au goutte-à-goutte. De plus, il a l'avantage de consommer une eau toujours propre.

Le râtelier : c'est un accessoire également fixé à la cage qui contient de la verdure ou du foin sec, indispensables au lapin nain et au cochon d'Inde. De cette façon, les petits gourmands mangeront plus sainement : les aliments ne sont jamais en contact avec leur litière.

Pour son premier repas, ne prévoyez pas de festin.

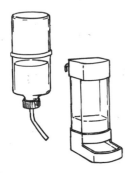

L'abreuvoir sabot et le biberon permettent de garder l'eau propre.

Mieux vaut respecter son menu traditionnel. En grignotant ce qu'il a coutume de manger, votre rongeur n'en sera que plus rassuré. Car il est vraiment tout chose dès que l'on bouleverse ses habitudes. Et puis, ce délicat est très sensible au changement de nourriture. Quelques grammes de verdure en trop et le voilà avec un gros ventre ! Inutile donc de changer un régime qui jusque-là lui a toujours réussi.

Donc, suivez à la lettre les conseils que vous a donnés l'éleveur. Le menu doit être la copie conforme de ce qu'il mangeait avant son arrivée : mêmes aliments, mêmes dosages. C'est une question de santé pour votre nouvel hôte et c'est bien plus simple pour vous.

Les accessoires de toilette : il vous faudra une brosse douce que l'on utilise d'ordinaire pour les bébés. Il est vrai que la séance de coiffure n'est pas indispensable pour votre hamster, rat blanc ou souris blanche. Mais rien ne vous empêche de les brosser. Les animaux ont bien le droit eux aussi d'être bichonnés.

En tout cas, le brossage est nécessaire pour certains car, régulièrement, il faut ôter leurs poils morts. C'est surtout le lapin nain qui nécessite un tel entretien : tous les ans en automne, il mue pendant un mois et perd de grosses touffes de poils dans sa cage.

Il faudra aussi un peigne pour les petits animaux à poil long comme le lapin nain angora ou le cochon d'Inde péruvien. Même s'ils font leur toilette avec leurs dents, c'est à vous de démêler leur pelage une fois par semaine.

Ajoutez encore au nécessaire de toilette l'indispensable pince à ongles. En effet, chez les rongeurs, les ongles poussent très vite. La raison est qu'ils ne s'usent pas autant que dans la vie sauvage, où ces petits intrépides ne cessent de gratter la terre, de marcher sur les pierres et de creuser des galeries. A la maison, c'est donc à vous de couper les ongles de votre animal.

Cela doit être fait avant qu'ils ne soient trop longs, car il y a de quoi s'écorcher à maintes reprises : en faisant la toilette ou encore en mangeant. C'est une réalité : le rongeur utilise beaucoup ses petites mains.

Les jouets : on peut trouver dans le commerce toutes

Un peigne et une brosse douce pour la toilette.

La pince à ongles est indispensable : les griffes du rongeur poussent très vite.

sortes de gadgets adaptés aux goûts et aux besoins de notre petit joueur : sonnettes, boules, etc. mais rien n'oblige à acheter. Une simple pomme de pin ou encore une bobine de fil suffisent. C'est le genre de joujou qui va accaparer l'animal pendant des heures. Un vrai bonheur !

L'essentiel est de ne pas priver son compagnon du plaisir du jeu. Il faut toujours qu'il occupe ses petites mains. Saisir, transporter, rouler, tournicoter, se gratter... Cette activité est aussi importante pour lui que le bon sommeil ou l'équilibre alimentaire. C'est même tout un travail !

Un toboggan ? C'est le rêve pour notre acrobate.

Sa nouvelle vie

Ce n'est pas rien que d'arriver dans une nouvelle maison. Quand on est haut comme trois pommes, elle paraît grande comme une ville. La cuisine que l'on habite, c'est comme un quartier où l'on s'installe : on y arrive en étranger. Même la cage où l'on demeure doit être explorée dans ses moindres recoins. Le repérage, c'est tout un art ! Cela demande, en tout cas, beaucoup de tranquillité. Et c'est très important quand on est un grand timide comme le rongeur.

Il vous faut en tenir compte lorsque vous accueillez votre animal. Une fois n'est pas coutume : ce jour-là, gardez-vous de mettre en marche votre robot-ménager ou votre ouvre-boîte électrique. Il serait terrorisé par le bruit de ces appareils. Demain tout ira mieux. Le bruit d'eau du lave-vaisselle, le ronron de la hotte vont faire partie de son environnement. Et puis, votre timoré va finir par comprendre qu'il a désormais un ami : c'est vous. Attention à ne pas le décevoir ! Maintenant, il compte sur vous.

D'ores et déjà, prenez les précautions nécessaires

pour que tout se passe pour lui de la meilleure façon possible :

- Évitez de l'abasourdir avec une musique trop forte. Ne le placez pas auprès d'un appareil ménager trop bruyant.

- Installez sa cage en hauteur et non sur le sol : cela lui évitera l'affrontement de choc avec le chien ou le chat de la maison. Et puis, c'est évident : il aime mieux voir votre visage que vos pieds.

- N'attendez pas le déluge pour lui donner eau et nourriture. Il lui faut des forces pour affronter son nouveau monde, surmonter ses angoisses.

- Mettez de la ouate dans sa cage. Cette matière moelleuse va le réconforter. Et, dans son désarroi, il pourra s'y nicher et se cacher.

Pas de panique ! Tout se passera bien si vous faites preuve de patience et de douceur. Car pendant ce temps-là, si coincé et empoté qu'il paraisse, votre rongeur vous guette et vous observe.

Au tout début, gardez vos distances et ne vous précipitez pas pour le toucher. A la différence du chat et du chien qui aiment être rassurés par les caresses, il a peur de votre main. Attendez qu'il vous connaisse davantage. Laissez-le d'abord s'imprégner des odeurs qui l'entourent, se familiariser avec les bruits, reconnaître votre visage.

Lorsqu'il sera plus à l'aise, vous pourrez entreprendre vos travaux d'approche.

Comment l'apprivoiser ?

Il ne faut surtout pas être pressé quand on a affaire à un tel sauvageon. La conquête ne se fait pas en un jour. C'est en vous voyant approcher de la cage, surtout à l'heure des repas, qu'il va commencer à se familiariser.

La première chose à faire est de lui donner un nom (voir encadré p. 48). Au début, n'hésitez pas à répéter son nom à maintes reprises et, en tout cas, prononcez-le à chaque fois que vous lui donnez à manger. Vous verrez bientôt votre animal se précipiter à l'entrée de la cage. Il n'y a pas de doute : il a compris que c'est à lui que vous vous adressiez.

Vous pouvez aussi l'avertir de votre visite en frappant deux ou trois coups sur un coin de table ou bien en agitant une sonnette. Hop ! Il accourt.

Quelle fête ! Le retrouver si plein d'entrain avec ses yeux qui pétillent et ses oreilles en l'air, c'est un vrai plaisir !

Mais on peut aussi apprivoiser son rongeur en dehors des heures de repas. Il suffit de lui offrir une gourmandise : un demi-carré de chocolat pour le hamster, une croûte de fromage pour la souris, et les voilà sous le charme... Le moment est venu de prendre son ami dans les bras.

Une petite friandise permet d'apprivoiser son nouvel ami.

Comment le saisir ?

Jamais par la queue, on risquerait de la lui arracher ! Le rat et la souris ont beau s'en servir pour leurs acrobaties, elle est extrêmement fragile. N'essayez pas non plus d'attraper votre ami par les oreilles : elles sont beaucoup trop petites et, de plus, pour lui, ce serait réellement traumatisant.

Gardez-vous également de le saisir par les pattes : vous pourriez lui casser les membres. Il ne faut pas oublier que ces petits animaux si légers possèdent un squelette vraiment minuscule. Il n'y a donc pas le choix. Il faut saisir son compagnon sous le ventre, posé dans la paume de la main, en prenant soin de refermer l'autre main sur son dos. Souvent, pour le tenir, on a besoin de ses deux mains. Pas question de le laisser s'échapper ! Pas question non plus de le laisser tomber ! Le rongeur, équilibriste à ses heures, n'est cependant pas un parachutiste. C'est pourquoi il faut faire preuve d'une extrême vigilance. On n'a pas affaire à un chaton qui a toujours la chance de retomber sur ses pattes. Malheureusement pour le rongeur, une chute d'un mètre, c'est-à-dire cent fois sa hauteur, peut être très dangereuse, voire mortelle. Mais ce drame ne risque pas d'arriver si on le garde dans ses bras en restant assis ou accroupi sur la moquette.

Pour que le rongeur se sente bien dans nos bras, il y a une manière de le tenir : une main sous le ventre, l'autre sur le dos.

Au bout de quelques jours, on peut prendre son ami sur les genoux. il est capable, surtout s'il s'agit du lapin nain ou du cochon d'Inde, de rester sage et tranquille durant toute une émission de télévision. Le rat, lui aussi, est très posé. Il peut, pendant des heures, rester immobile. La différence, c'est qu'en général, il préfère les épaules aux genoux. Même si l'on doit se lever et se déplacer, il demeure dans cette position.

Bien sûr, tous ne sont pas aussi placides dans la famille. La souris a plutôt la bougeotte. Quant au hamster, il a toujours cent mille choses à faire dans sa vie.

Si on a un autre animal

Ne laissez pas votre chien ou votre chat s'approcher de la cage de votre rongeur. D'un coup de patte, ils sont capables d'ouvrir la porte. Et pour le chat qui ne perd pas son instinct de prédateur, la souris est une véritable aubaine. On devine qu'il la trouve mignonne à croquer et le filou n'a qu'une idée en tête : n'en faire qu'une bouchée ! Ce serait vraiment stupide de favoriser un face à face aussi sanglant !

C'est la même chose pour le chien, surtout s'il s'agit d'un terrier ou d'un autre chien de chasse. Pour lui, le lapin nain peut être l'occasion rêvée pour se lancer dans une cruelle partie de chasse. Il n'y a pas de secret : les rapports entre les carnivores

Attention à ne pas poser votre petit animal n'importe où !

La cage soit être installée dans un endroit inaccessible pour le chien et le chat.

et les rongeurs ne sont pas au beau fixe.

Il faudra donc faire preuve de beaucoup de psychologie lors des présentations. Par la force des choses, le nouveau venu va éveiller un soupçon de jalousie chez Médor ou Minette. Dès le début, vous devrez prendre toutes les précautions nécessaires pour éviter les bagarres :

- En votre absence, fermez toujours la pièce où est installé votre rongeur.

- Veillez à ce qu'il y ait une certaine distance entre tous ces animaux familiers.

- Ne négligez pas votre ancien compagnon. S'il doit partager chaque moment, il faut très vite qu'il comprenne qu'il est interdit de toucher au hamster ou au rat blanc. Expliquez-le lui plusieurs fois, d'un ton ferme, jusqu'à ce qu'il abandonne son instinct de guerrier.

- Lorsque vous prenez votre petit ami dans les bras ou sur les genoux, ayez l'œil sur votre chien ou votre chat.

Sans doute un jour seront-ils les meilleurs copains du monde. Mais tout de même, mieux vaut ne pas leur faire une confiance absolue : ne laissez jamais votre rongeur en liberté parmi eux.

Ses heures de liberté

À droite :
Regardez bien où vous mettez les pieds : ils peuvent se transformer en rouleau compresseur !

En liberté, votre ami court des risques. Attention aux fils électriques !

Eh oui, il faut bien que votre petit compagnon ait quartier libre lui aussi. Pourquoi le priverait-on de l'ivresse des grands espaces, de la griserie de l'aventure ? Car même dans la plus belle des cages, il se sentira en prison. Mais attention ! Il ne faut jamais le lâcher dans la maison et, à plus forte raison dans le jardin (voir p. 142), tant qu'il n'est pas totalement habitué à sa cage.

C'est seulement lorsqu'il sera pleinement adapté à sa demeure et à son environnement que vous pourrez lui donner le goût de la liberté. Il faudra aussi qu'il ait absolument confiance en vous, c'est-à-dire qu'il n'ait plus aucun mouvement de recul ou d'hésitation lorsque vous tendez la main pour le saisir.

Pour sa première sortie, tenez-le à l'écart de tout autre animal. Commencez par le libérer une demi-heure, mais surtout ne le lâchez pas d'une semelle ! L'idéal est de le mettre dans une pièce pratiquement vide.

Ci-dessous :
Les nourritures intellectuelles ne rebutent pas la souris...

En effet, ce turbulent a tôt fait de s'inventer une cachette, de se glisser dans un tiroir entrouvert, de se cloîtrer dans une chaussure ou d'atterrir dans le

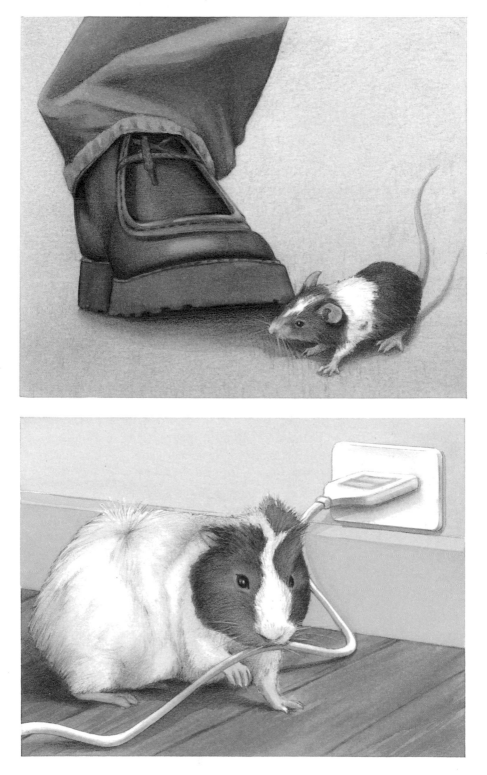

En voilà une bonne cachette ! Mais ce tiroir ouvert est un danger pour le rongeur...

...qui s'enfile aussi à l'aise dans les trous d'éviers, de lavabo et de baignoire.

bocal des poissons rouges. Et puis, ce bon petit diable ne serait pas lui-même s'il n'avait pas son péché mignon : ronger. Il se fait un malin plaisir de tout grignoter !

Et, en ce domaine, chacun a sa spécialité. On peut dire que la souris a une nette préférence pour les livres. Un vrai rat de bibliothèque ! Quant au hamster et au lapin nain, ils sont plutôt portés sur les fils électriques. Gare ! Ils ne sauraient évidemment résister aux décharges.

Mais c'est peut être avec le hamster que vous aurez le plus de fil à retordre. Non seulement il faut surveiller ce qu'il peut ronger mais tous les endroits ou il va se faufiler: l'arrière du réfrigérateur et de la cuisinière, le trou de l'évier, etc...

Rien n'échappe à la curiosité de cet animal. Il peut même emporter son pique-nique dans les lieux les plus insoupçonnables et, dans ce cas, il n'est jamais pressé d'en sortir. Quelle patience il faut pour le récupérer !

En plus, le hamster est si petit qu'on a vite tendance à l'oublier. Pour peu que son pelage soit de la même couleur que la moquette, on risque de lui marcher dessus et de l'écraser. Attention où on met les pieds !

De même, il faut toujours regarder attentivement avant d'ouvrir ou de fermer la porte. Un accident est si vite arrivé ! Dire qu'à cause d'un geste brutal ou

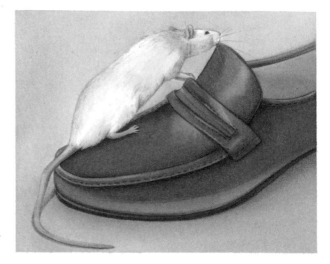

Une chaussure qui traîne ? Le petit casse-pieds ne va pas s'embarrasser pour y mettre les dents et transformer le mocassin en puzzle.

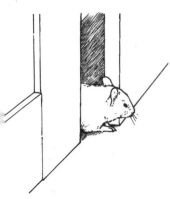

Gare aux portes ouvertes !
Un courant d'air et clac,
le malheureux est écrasé.

d'un claquement de porte, ce petit innocent peut mourir broyé !

C'est peut-être le lapin nain, qui, mis à part sa manie de ronger, s'adapte le plus rapidement dans l'appartement ou la maison. Seul problème : il a tendance à faire pipi n'importe où. Heureusement, on peut l'éduquer et l'obliger à aller dans son plat pour faire ses besoins. Avec un peu de persévérance, on s'apercevra que le lapin nain peut devenir propre. Tout comme le chat.

Il faut aussi songer au moyen de ramener le rongeur vers sa demeure. Appelez-le par son prénom. S'il tend à faire la sourde oreille, proposez-lui des friandises. Le gourmand ne va pas tarder à montrer le bout de son nez.

EN PLEINE FORME

Votre petit rongeur a bon appétit, il s'en donne à cœur joie lorsqu'il fait sa gymnastique : tout va bien ! À voir son poil qui luit, ses yeux qui brillent, on peut dire qu'il est en bonne santé. Est-ce par hasard ? C'est qu'il mange ce qui lui convient et que vous êtes aux petits soins pour lui. En vérifiant s'il est propre, en passant l'inspection des pieds à la tête, vous lui donnez toutes les chances d'être en pleine forme.

La toilette

Faire la toilette d'un rongeur peut paraître curieux. Ces petits animaux sont si propres ! Il faut les voir se lécher les pattes ! Comme ils s'appliquent ! Ils se frottent le museau, la tête, se mordillent les poils du ventre, les pattes. Il leur faut un talent de contorsionniste pour atteindre leur dos, se nettoyer le haut des cuisses. Avec leurs dents, ils tirent sur les nœuds. Comme ils sont soignés ! Voilà qu'ils mettent leur poil en ordre avec leurs griffes qui leurs servent de peigne. Pour chasser les puces et enlever les poussières cachées dans leurs poils, les petits rongeurs possèdent tout un attirail.

Il n'empêche ! Certains parasites s'accrochent et peuvent transmettre une maladie à votre compagnon. Avec les moustiques, les puces sont bien placées pour transmettre la myxomatose au lapin nain

(voir p. 69). Aussi faut-il protéger votre rongeur en lui appliquant une poudre antiparasitaire pour rongeurs ou pour chats. Deux traitements à une semaine d'intervalle suffiront pour chasser toutes ces petites bêtes.

Il existe également un autre moyen pour repousser l'ennemi : le collier antipuces. Malgré tout, cela comporte un risque, car le rongeur, qui passe son temps à faire des acrobaties, a tôt fait de s'accrocher à un barreau de la cage ou à sa balançoire et peut s'étrangler...

Même s'il existe des colliers réglables, dotés d'un petit élastique, il est difficile d'avoir l'esprit en paix. Il suffit que votre ami ne soit plus sous surveillance, pendant votre absence par exemple, pour qu'il arrive un accident...

Enfin, il ne faut pas oublier de changer ce collier lorsque son temps d'efficacité est passé.

On peut avoir recours au collier anti-puces, mais il faut s'assurer que le rongeur ne risque pas de s'étrangler.

La peau et les poils

On le croit tout beau tout propre avec ses poils bien lissés. Car il est très soigneux et n'a qu'un souci à son réveil : faire sa toilette. Mais sa fourrure nous cache quelques petits défauts, surtout si l'on a un rongeur à poil long comme le lapin angora ou le cobaye péruvien. On est loin d'imaginer le nombre de leurs nœuds, qui, en plus, forment de vrais nids à poussière. Et pour les parasites, c'est l'endroit idéal où se rassembler et proliférer. Il ne faut pas laisser son compagnon se faire assaillir par tous ces vilains !

Pour un rongeur à poil long, il faut s'astreindre chaque jour à faire sa toilette. Comment procéder ?

La mue du lapin nain

Pendant la mue, le lapin nain perd beaucoup de poils. Deux fois par an, au printemps et en automne, il va changer de tenue. Il abandonne son poil d'hiver pour s'équiper d'une robe d'été (et vice versa). On voit alors des poils qui jonchent le sol. Pendant un mois et demi, le lagomorphe ne fait pas bonne figure. On dirait que sa peau est élimée par endroits. Cela n'a rien d'inquiétant puisqu'il s'agit d'un phénomène naturel et normal.

Problèmes de pelage

Lorsque le rongeur perd ses poils, il faut être sur ses gardes : il n'est pas en bonne santé. En effet, si cela se produit en dehors de la période de mue, c'est le symptôme d'une maladie quelconque. Il peut avoir la teigne (voir p.115), la gale (voir p.114) ou bien peut-être n'est-il pas très bien nourri ou "mal dans sa peau".

On pose son rongeur sur une serviette et délicatement, avec un peigne à dents longues, on ôte les nœuds. S'ils résistent, il faut couper les poils. Une fois que le peigne n'accroche plus, on passe une brosse douce pour faire briller la fourrure. Cela demande du temps mais le peignage et le brossage sont réellement indispensables. C'est là une garantie d'hygiène.

Certes, on a moins de contraintes avec un petit compagnon au poil ras, comme le lapin nain ou le cobaye à rosettes : il suffit d'un coup de brosse une fois tous les deux jours au moment de la mue (voir

Le cochon d'Inde aime être bichonné.

Lorsqu'il est sale comme un cochon, le cobaye passe au bain.

Brr ! Il a froid. Vite, il faut l'envelopper dans une serviette.

La toilette des yeux évite les infections.

encadré p. 64) pour éliminer les poils morts et, du coup, les nouveaux poils vont repousser plus vite.

Pour le hamster, le rat, la souris, libre à vous de le passer au peigne fin ! De toute façon, ce n'est pas du temps perdu et peut-être votre ami(e) sera-t-il (elle) ravi(e) d'être ainsi bichonné(e). Cela arrive lorsque le rongeur est habitué très jeune à être toiletté par son maître. Il se met à adorer ça !

Et puis, il ne faut pas oublier que la toilette est l'occasion de déceler une anomalie chez votre compagnon (voir encadré p. 65). Il faut donc la faire même en dehors de la période de mue. Cela semble d'autant plus nécessaire que chez le lapin ou le cochon d'Inde, les poils sont souvent collés au niveau de l'arrière-train quand le rongeur urine sur lui et se souille. Tout doucement, il faut démêler le sac de nœuds avec un peigne. Si l'on n'y parvient pas, rien ne sert de tirer : cela lui ferait mal. Dans ce cas, il faut couper les paquets de poils afin de libérer l'anus et permettre au rongeur de faire ses besoins... Si l'animal est vraiment sale, vous pouvez lui donner un bain.

Lorsque le bain est absolument nécessaire, soyez vigilant : il ne faut pas que le rongeur prenne froid. L'eau doit être à une température de 39°C. Attention ! N'utilisez pas n'importe quel produit. Cela pourrait irriter la peau de votre compagnon. Appliquez-lui un shampooing ultra doux pour bébé. Rincez-le soigneusement et essuyez-le bien en le maintenant dans une serviette chaude, à l'abri des courants d'air.

Une fois la séance terminée, votre compagnon mérite bien une récompense : une petite friandise ou une caresse. Il a été si sage et puis il sent tellement bon...

Les yeux

Le petit rongeur a les yeux très fragiles. Les poussières l'irritent, un courant d'air le fait larmoyer... Il ne faut pas attendre qu'il y ait la moindre infection. Une fois tous les deux jours, on doit nettoyer le contour de chaque œil. Avec une compresse imbibée de Dacryoserum ou tout simplement d'eau bouillie tiède, on ôte les sécrétions autour de l'œil. Si l'on observe que son compagnon a les paupières gonflées ou que l'œil coule, ces signes doivent mettre la puce à l'oreille (voir p.118).

Les oreilles

En principe, il n'y a pas besoin de les nettoyer. Mais il faut prendre soin de vérifier dans quel état elles se trouvent. Elles ne doivent pas comporter de croûte ni sentir mauvais. Lorsque l'on voit le lapin nain secouer la tête, se gratter au-dessus de l'oreille, tenir la tête sur le côté, c'est probablement qu'il a la gale (voir p.117) ou bien encore souffre t-il d'une otite. Ceci est encore plus grave : il faut vite l'emmener chez le vétérinaire.

Ces croûtes dans l'oreille du lapin sont anormales.

Les dents

Pour un rongeur, il est très important d'avoir de bonnes dents. Ce sont elles qui lui permettent de ronger… ce qu'il fait la plus grande partie de sa vie. Tout d'abord il faut vérifier si ses incisives sont bien placées : elles doivent être les unes en face des autres car c'est grâce aux mouvements de frottement qu'elles peuvent s'user. Eh oui, les dents de rongeur sont faites pour s'user, c'est pour cela que votre compagnon doit toujours avoir à sa disposition une pierre à rongeur et ne jamais manquer de branchages. Cela lui évitera de ressembler à un vampire, car ses dents qui ne cessent jamais de pousser (elles sont à croissance continue) peuvent s'allonger démesurément. Le malheureux risque alors de se perforer les joues et de développer une infection. Aussi faut-il absolument lui faire couper les dents. avec une bonne pince à ongles ? Est-ce suffisant ? Peut-être faut-il les limer pour les égaliser ?Le vétérinaire possède tout le matériel nécessaire pour les meuler. Cette intervention est d'ailleurs recommandée une fois tous les trois mois.

Jusqu'où vont-elles pousser ? Chez le rongeur, les dents sont à croissance continue.

Le vétérinaire vérifie la longueur des dents une fois tous les trois mois.

Les griffes

Nos petits rongeurs ont une vie en or dans nos maisons et appartements, mais ils supportent aussi des inconvénients. Leurs griffes, par exemple, surtout chez le lapin nain et le cobaye, ne s'usent pas assez. Elles restent intactes sur la moquette. Or, il ne faut surtout pas qu'elles deviennent trop longues, car cela gênerait l'animal pour marcher. La solution ? Il faut les couper. Cela se fait avec une pince à ongles.

Comment s'y prendre ? On installe le lapin nain ou le cochon d'Inde sur ses genoux. On saisit une à une les quatre pattes. Sur chacune des cinq griffes, on aperçoit des petits vaisseaux. Attention ! Il ne s'agit pas de les atteindre en coupant trop court, cela ferait saigner et souffrir le rongeur. Si l'on ne repère pas très bien les terminaisons nerveuses, on peut s'éclairer d'une lampe de poche que l'on mettra au-dessous de la patte. C'est beaucoup plus facile pour pratiquer cette intervention. Il suffit de repousser les poils tout en maintenant bien la patte, puis l'on taille. Les pattes avant ont cinq griffes, les pattes arrière quatre.

Si vraiment vous appréhendez cette séance de toilette, vous pouvez demander au vétérinaire : la première fois, il vous montrera comment couper les griffes de votre rongeur.

La première fois, demandez au vétérinaire de vous montrer comment on coupe les griffes.

Les vaccins

Ce n'est pas parce qu'il est de petite taille que le rongeur est chétif, fragile. Au contraire il est très résistant. Il lui faut des raisons sérieuses pour qu'il se laisse abattre : une mauvaise hygiène, une alimentation mal équilibrée. Dans ce cas, son organisme s'affaiblit. A vrai dire, comme les humains, chaque rongeur a ses points faibles.

Le coryza

On doit faire très attention par exemple à ne pas laisser son petit ami dans les courants d'air et à ne pas lui infliger de brusques changements de température. Cela arrive quand on le fait imprudemment passer d'une pièce chauffée au balcon. On croit bien faire en le mettant à l'air aux beaux jours, en fait, on le rend malade. Il n'y a rien de pire pour lui que le chaud et froid !

C'est la même chose dans les endroits humides. Que ce soit à la maison, ou dehors sur l'herbe mouillée, le rongeur ne supporte pas bien cette atmosphère. En peu de temps, il devient patraque. Il a le nez qui coule, les yeux aussi. Il a attrapé un gros rhume.

Parfois ses éternuements n'en finissent pas. Ce n'est pas rare qu'ils durent plusieurs jours, persistent pendant des mois et même toute la vie : c'est le coryza chronique.

Rien de grave : votre compagnon n'est pas en danger mais cela l'affaiblit toujours un peu. C'est beaucoup plus inquiétant lorsque l'on voit apparaître du pus qui s'écoule des narines. Cette forme de coryza fatigue beaucoup le lapin nain ou le cochon d'Inde qui finit par perdre l'appétit, et peut mourir.

La meilleure des préventions est d'installer le rongeur dans un endroit sain. Choisissez bien votre moment quand vous voulez le "mettre au vert" et que vous le sortez sur le balcon ou dans le jardin.

Quant au vaccin contre le coryza, il n'est pas réellement utile si vous n'avez qu'un ou deux amis rongeurs. Bien sûr, si vous hébergez toute une ribambelle, vous devez faire vacciner les uns et les autres sans la moindre différence. Même si vos petits amis vous paraissent costauds et même si cette maladie n'est pas fréquente chez les rongeurs, c'est une garantie pour les garder sains et saufs.

La myxomatose : un autre vaccin s'impose pour le lapin nain : le vaccin contre la myxomatose. Même si cette maladie atteint davantage son grand frère, le

Les effets du vaccin

Lorsque le vétérinaire vaccine le rongeur, il fait une piqûre. Les vaccins pour les animaux fonctionnent selon le même principe que les vaccins pour les hommes. On injecte le microbe responsable de la maladie, mais celui-ci est presque anéanti, manque de vigueur et n'a plus aucun pouvoir.

En recevant ce microbe, l'organisme se défend contre ses attaques. C'est ainsi qu'il acquiert une immunité et n'a plus rien à craindre de la maladie.

L'organisme est alors armé pour combattre les microbes, s'il entre en contact avec des éléments contaminés.

Attention ! Un vaccin n'est efficace que pendant une durée limitée. Ce peut être un an ou bien même six mois pour la myxomatose. Le rappel est indispensable pour que le rongeur soit totalement protégé.

lapin domestique, elle peut aussi affecter le lapin nain. Car la myxomatose est transmise par un moustique ou par une puce. C'est ce parasite qui peut transporter le virus, et piquer le pauvre innocent. Autant dire que ce ne sera pas la grande forme pour le rongeur. Six à dix jours plus tard, son nez et ses yeux présentent un écoulement purulent. Les paupières gonflent. De petites boules apparaissent sur le corps, particulièrement sur les oreilles. Tous ces signes ressemblent beaucoup à ceux du coryza. On peut difficilement faire la différence.

On peut éviter la myxomatose, qui est une maladie souvent mortelle. Pour cela, vous pouvez faire vacciner votre lapin nain dès l'âge d'un mois. Sans oublier le rappel qui a lieu tous les six mois, au printemps et à l'automne.

Mais il ne faut pas vous inquiéter outre mesure : le lapin nain vivant en appartement ne risque pas grand-chose. Les dangers sont beaucoup plus grands si vous l'emmenez en vacances et le laissez profiter de sa liberté dans le jardin ou encore si vous vivez à proximité d'une forêt. Dans ce cas, il est nécessaire de le vacciner.

Les vers : heureusement ils sont moins fréquents que chez nos chiens et nos chats. Mais tout de même, ces parasites peuvent gâcher la vie des rongeurs. C'est surtout la souris et le rat qui sont importunés. Les ascaris, ces vers blancs et rosés, mesurant près de 9 cm sont des hôtes très désagréables. Ils pondent leurs œufs autour de l'anus de leur victime.

Pour être sûr de voir votre rongeur en pleine forme, il faut le vermifuger. Le traitement doit être commencé très tôt, dès l'âge d'un mois. Ce n'est pas compliqué : on achète chez le vétérinaire le médicament qui se présente sous forme de comprimé, de pâte ou de sirop, et on le mélange à la nourriture de l'animal. Bien sûr, on n'oubliera de vermifuger également le chat et le chien de la maison.

Les ascaris se logent dans le ventre du rongeur. Il faut le vermifuger.

L'alimentation

C'est tout un spectacle de les voir manger ! Chacun a ses mimiques particulières. Avec leur petite bouche qui bouge tout le temps, on dirait qu'ils font durer le plaisir. Il est sûr que les aliments seront bien mâchés !

Les rongeurs à table

Pour mastiquer, le lapin se dépêche, comme s'il faisait la course " à celui qui aura fini le premier"! La souris est moins pressée : crrh, crrh ! elle grignote, et ça lui prend tout son temps. Le rat s'assied paisiblement sur son arrière-train et tient bien son aliment dans les pattes avant. Et le hamster ? A-t-il peur qu'on lui chipe ses petits régals ? En tout cas, il a un truc très efficace : il enfouit sa nourriture dans les abajoues (voir p. 14). C'est très pratique comme système ! Ainsi, dès qu'il a faim, il mange. Quant au cobaye, il ne demande pas son reste et pousse des cris aigus dès qu'il a faim !

Manger, ce n'est pas rien pour ces gloutons. C'est même une grande occupation. D'ailleurs, ils n'ont jamais fini de passer à table : la dernière bouchée avalée, ils recommencent ! Le hamster, avec ses abajoues, est sans doute le mieux équipé : il dispose

Les abajoues du hamster lui servent de garde-manger.

Le hamster engloutit 40 g de graines dans chaque abajoue.

d'un service non stop. On peut être rassuré : la nourriture qu'il engloutit après l'avoir stockée dans ses abajoues est saine. Autrement, ce gaspilleur tête en l'air a tendance à éparpiller de-ci, de-là les aliments, oublier ses cachettes et laisser perdre ses provisions. Résultat : elles pourrissent. Il faut donc avoir l'œil et enlever très vite tous ses restes qui le rendraient malade.

Un conseil : ne pas donner à manger au hamster plus d'une fois par jour.

Le lapin nain, qui se contente de mâchonner des journées entières, fait au total 30 à 36 repas par jour. Et cela, même si, comme il se doit, il est nourri à heures fixes. Mais il a toujours une petite faim et revient sans arrêt à la mangeoire. Ses plus gros repas se situent tôt le matin et le soir : il avale les deux tiers de ses aliments, en gardant le reste pour la journée.

Le cobaye n'a pas vraiment d'heure non plus. Il passe à table et n'en sort pas... Sa digestion est très longue. Le transit intestinal peut durer toute une semaine.

Mais celui qui s'impose comme le plus gros mangeur est le rat ! Il consomme 20 à 25 g d'aliments

Les aliments tout prêts sont appréciés des petits rongeurs.

Gourmandises au goût nature

Dans la nature, il y a de vrais régals pour le rongeur. On se fera un plaisir de lui cueillir toutes ces gourmandises à portée de main. Lors d'une promenade en forêt, on trouve de l'ajonc, de la bruyère, du genêt, des glands. Cela agrémentera ses repas quotidiens. Et dans les champs, que peut-on choisir ? Il y a aussi une variété de petits plaisirs très appréciés par notre affamé : du liseron, du seneçon, de la centaurée, du pissenlit. Sans oublier la carotte sauvage, dont il raffole, à condition bien sûr de ne pas la confondre avec la ciguë toxique ! L'ortie blanche, qui doit être consommée fanée, fait également partie des mets préférés des rongeurs. Voilà donc, avec le foin, le trèfle, la luzerne, autant de trésors à ramasser dans la nature. Si l'on se contente d'aller dans le jardin, on rapportera des fanes de haricot, des petits pois, de la carotte potagère, du fenouil, des fruits, du thym et du persil, du cerfeuil. Mais attention ! Ne donnez pas de plantes aromatiques à une femelle rongeur qui attend des bébés : cela bloque la fabrication de son lait !

secs par jour, ce qui correspond à un dixième de son poids. C'est comme si un homme de 70 kg était capable d'engloutir 7 kg de nourriture par jour ! En plus, cet animal fait un festin de n'importe quoi : des graines, de la viande, du pain et du bois, pourquoi pas ?

La souris a les mêmes goûts, mais son péché mignon, c'est le fromage et aussi le tissu, le papier. On ne croirait pas qu'un animal si menu puisse être si goinfre ! Surtout quand la souris est toute seule, sans copines, elle redouble d'appétit. C'est ainsi : les petits rongeurs sont très gloutons. Quand ils ont vidé leur mangeoire, ils ont encore besoin de grignoter : une branche d'arbre ou une pierre à rongeur, des noix, des noisettes, du biscuit. C'est très important pour le rongeur qui doit ronger pour vivre. C'est indispensable pour les dents qui doivent s'user en permanence (voir p. 67).

Mais, pour bien nourrir son rongeur, il faut d'abord savoir ce qui lui convient.

La pierre à ronger est indispensable pour ces animaux qui doivent ronger pour vivre.

Les bons aliments

Le foin : c'est le plat principal du lapin nain, et aussi une bonne partie du menu du cobaye. Il est d'une très grande valeur nutritive et en plus facilite la digestion. Mais pour cela, il doit être de très bonne qualité. Il faut qu'il soit bien sec et assez récent. Un foin mouillé rendrait votre rongeur très malade. Un foin trop vieux, qui dégage de la poussière, le ferait éternuer. Choisissez pour votre petit herbivore un foin qui contient des brins d'herbe fraîche, du trèfle, des plantes. On en trouve en sachets dans les magasins.

Les graines : de maïs, de tournesol... Voilà le grand régal du rat. Il raffole des graines pour perroquets qui contiennent du tournesol. La souris préfère les graines d'avoine écrasées. Le hamster a un faible pour les céréales et le lapin nain adore le son mélangé à l'avoine, l'orge. Les céréales sont tout à fait indiquées pour une femelle qui attend des petits. L'idéal est qu'elles soient germées : elles contiennent de la vitamine E, qui favorise la reproduction.

Les légumes conviennent pratiquement tous aux petits rongeurs : le chou-fleur, le brocoli, la betterave, les haricots verts (s'ils sont cuits), le poivron, le persil, les épinards, les carottes avec les fanes, les cosses de pois, la pomme de terre (attention, celle-

Les bonnes feuilles

Au-dessus de nos têtes, les arbres, avec leurs feuilles et leurs branches, possèdent aussi une multitude de bonnes choses pour les rongeurs. Bien sûr, il ne faut pas faire sa cueillette au bord de la route, où la pollution transforme la végétation en poison. Mais dans les bois, ou bien dans les vergers si on le peut, on a le choix entre les feuilles de bouleau, de frêne, de pommier, de prunier, de mûrier. Le rongeur fera un festin de feuilles de châtaignier, d'orme, de houx, de genévrier. Si on lui rapporte des feuilles de tilleul, d'acacia, de noisetier, il se régalera également ! N'oubliez pas les branchages indispensables pour ses dents ! Il aime tant les branches de pommier, de charme, d'érable, d'osier, de saule, de genêt et de vigne ! Ce serait dommage de l'en priver.

Les petits rongeurs aiment
bien "casser la graine".

ci doit toujours être cuite, épluchée et surtout débarrassée de ses germes qui sont toxiques pour votre compagnon). Enfin, il ne faut pas oublier le chou, très recommandé pour le cobaye (voir p. 82). Ce légume contient de la vitamine C. Sans elle, le cochon d'Inde ne serait pas bien portant. On le trouverait inactif, souffreteux, les articulations raides.

Les herbes : la verdure est très appréciée du lapin nain et du cochon d'Inde. Mais elle doit être d'une qualité irréprochable. Il ne faut pas cueillir l'herbe sur le bord de la route : elle est imprégnée de vapeurs d'essence. On ne doit pas la prendre non plus dans un endroit trop fréquenté. Enfin, si elle a gelé, il ne faut surtout pas la donner aux rongeurs. Elle n'est plus comestible.

Par mesure d'hygiène, l'herbe doit être passée sous l'eau. Attention ! Séchez-la bien. L'herbe mouillée provoque de terribles maux de ventre. Dans la campagne, on peut choisir une grande variété d'herbes, à commencer par l'ortie, riche en calcium, en fer, en protéines, en vitamine D. Elle doit être légèrement fanée afin de ne pas piquer la bouche du rongeur. Le lapin nain et le cobaye se régalent aussi de pissenlits, de luzerne, de prêle, de

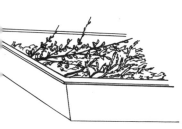

Le rongeur raffole de genêt et de bruyère.

Il se régale de vers de farine que l'on trouve dans le commerce.

tussilange, de mouron blanc, d'achillée, de plantain, de carotte sauvage (à ne pas confondre avec la ciguë qui est un poison mortel), de centaurée, de liseron, de séneçon, de laiteron. Attention ! Votre cueillette ne doit contenir aucune plante vénéneuse (voir encadré) .

Les branchages : Comme pour les herbes, ils ne doivent pas être imprégnés d'insecticides. Le rongeur pourrait en mourir. La pollution lui est également très néfaste. Attention à l'endroit où vous ramassez les branchages ! Les gaz d'échappement qui sont projetés sur le bord des routes rendent toxiques les arbres qui s'y trouvent. De plus, il faut être très attentif à votre cueillette : certaines espèces d'arbres contiennent des substances constituant des poisons pour votre rongeur.

Les salades : une ou deux feuilles par jour, cela facilite le transit intestinal du rongeur. Mais la laitue est déconseillée pour le lapin.

Les fruits : une petite tranche de mandarine, une rondelle de banane... font du bien quand l'animal a tendance à ne manger que des graines. Tous les fruits sont bons : la pomme, la poire, la fraise, le pamplemousse, le melon, le kiwi, l'orange, la mirabelle, le raisin, le citron.

La viande : en tout petits morceaux, elle régale notre trio d'omnivores : le hamster, le rat et la souris.

Le fromage : une vraie friandise pour le rat et la souris. Le seul problème, c'est qu'il donne une odeur un peu forte à l'urine.

Les vers de farine : le péché mignon du hamster... ils s'achètent dans les animaleries.

Les plantes vénéneuses

En cage, le lapin ne sait pas distinguer les bonnes des mauvaises plantes. Il peut alors s'empoisonner en absorbant des plantes vénéneuses. Ne lui donnez jamais d'aconit, de belladone, de mouron rouge, de primevère, de colchique, de pavot, de ciguë, de morelle, de cytise, de fleurs d'if, de muguet, de laurier- rose, de renoncule, de feuilles de chêne, de peuplier, de tremble. Ce sont des poisons, aussi dangereux pour lui que les insecticides ou les pommes de terre crues !

PLANTES VÉNÉNEUSES

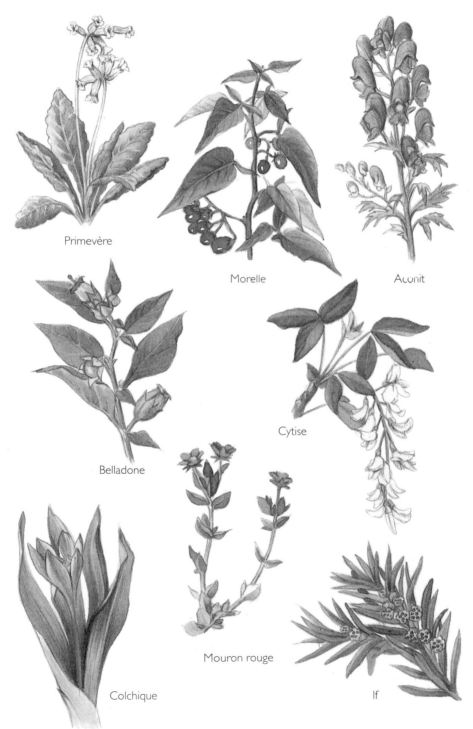

Primevère

Morelle

Aconit

Belladone

Cytise

Colchique

Mouron rouge

If

La future maman a besoin de 3 à 5 fois plus d'eau que d'habitude !

Le lait : cet aliment est essentiel pour les mamans rongeurs qui attendent des petits ou celles qui les allaitent. Il est également indispensable pour les bébés avant leur sevrage.

L'eau : aucun de ces rongeurs ne saurait s'en passer. L'eau doit être toujours à leur disposition. Elle doit être fraîche et toujours renouvelée. Si nos petits rongeurs faisaient un concours de consommation d'eau, c'est le lapin nain qui remporterait la palme du plus grand buveur !

La pierre à rongeur : elle est vitale, car elle favorise l'usure des dents au même titre que les brindilles de genêt, d'acacia, de saule, de bruyère, de noisetier, etc.

L'alimentation des bébés rongeurs

Tous les petits rongeurs ne sont pas comme les bébés cochons d'Inde. Ces dégourdis se débrouillent en effet très bien sans nous. Ils avalent les excréments de leur mère et ont tous les éléments nutritifs pour grandir ! Les autres bébés rongeurs

Quoi de spécial pour le lapin nain ?

Il n'est pas indispensable d'acheter des aliments pour "lapin nain" proposés dans le commerce.

Votre petit ami appréciera tout autant les granulés réservés au lapin domestique et il n'y a absolument aucune contre-indication à les lui donner.

Néanmoins, pour votre compagnon, ne choisissez pas une nourriture spéciale comme les aliments destinés aux jeunes, beaucoup trop riches pour les animaux adultes. Ne prenez pas non plus des aliments qui portent la mention "maternité". Ces menus sont faits uniquement pour les lapines qui ont de nombreux petits dans les élevages. Cela ne concerne absolument pas votre jeune femelle. Pour elle, c'est très simple : lorsqu'elle attend un heureux événement, il suffit de lui proposer un régime complémentaire huit jours avant son accouchement. Avec du calcium et de la vitamine E ajoutés à ses repas quotidiens, elle sera forte comme Hercule pour affronter le grand jour !

ont besoin de lait qu'il faut leur donner dans une soucoupe. Puis, tout doucement ils vont s'initier à la nourriture des grands en grappilllant dans les graines et le mélange servi à leurs parents. Il faut alors redoubler de vigilance, inspecter la cage afin qu'il n'y ait pas de restes qui moisissent. Cela serait mortel pour les bébés.

L'alimentation de la maman rongeur

Qu'elle soit future maman (voir p. 92) ou maman, la souris ou la femelle hamster a besoin d'une alimentation plus riche que de coutume. C'est normal. Avant la mise bas, il lui faut nourrir toute une ribambelle qui grossit dans son ventre. Et après l'heureux événement, elle aura encore toutes ces bouches à nourrir !

Nul n'est besoin d'avoir du talent pour faire la cuisine de son rongeur, mais il faut du temps.

RONGEUR	Nombre de repas par jour	FOIN	GRAINS
LAPIN NAIN Ration quotidienne 50 à 60 g	2	 Tous les jours dans le ratelier	Mélange de graines 15 à 25 g
COCHON D'INDE Ration quotidienne 15 à 25 g	2	 Tous les jours	Mélange de graines
HAMSTER Ration quotidienne 10 à 15 g	1	 1 poignée 2 fois par semaine	Mélange : 2 cuil. à café
RAT Ration quotidienne 20 à 25 g	1		 Céréales concassées Graines pour perroquets
SOURIS Ration quotidienne 5 à 6 g	1		 Avoine écrasée Céréales

LEGUMES	FRUITS	HERBES	DIVERS
1 carotte, 1 feuille de salade (sauf laitue), 1 endive, 1 cosse de petit pois	1 quartier de pomme ou de poire 1 fois par semaine	Séneçon ou pissenlit, liseron, trèfle	Pain rassis
Chou ou betterave, concombre, céleri, carotte, endive	1 quartier de pomme tous les jours	Luzerne, ortie	Pain rassis, gâteau
Betterave ou chou-fleur, brocolis, salade, tomate, fenouil, concombre	1 quartier de pomme ou de poire ou 1 fraise ou 2 cerises 2 fois par semaine		1 morceau de viande 2 fois par semaine, 1 cuil. à café de yaourt
Carotte, betterave, lentilles	Mandarine, kiwi, pêche, melon, pomme, noisettes, 2 fois par semaine		Viande, pain trempé dans du lait, gruyère, papier
Carotte épluchures	Tous les fruits 1/4 de tranche, noisettes, 2 fois par semaine		Gruyère, papier, tissu

Pour rassasier les affamés qui se jettent sur ses mamelles, ce n'est pas une mince affaire. Il ne faut surtout pas lui donner de persil, qui l'empêcherait d'avoir du lait. Ce n'est que pendant la dernière semaine de grossesse que l'on ajoute un complément en calcium et en vitamine E à sa nourriture. Mais lorsque les petits goulus arriveront au monde, il faudra augmenter la ration de la mère. Cela se fait petit à petit jusqu'à ce que le menu soit deux fois plus important entre la deuxième et la troisième semaine d'allaitement. Puis lorsque les bébés commencent à manger la nourriture des grands, tout va rentrer dans l'ordre. La ration de la mère devient normale.

Des plats à préparer

Si on a le temps, on peut préparer soi-même des petits plats pour les rongeurs. À chacun ses préfé-

RONGEUR	FRIANDISES	COMPLÉMENT MINÉRAL VITAMINÉ	POUR RONGER	ALIMENTATION INDUSTRIELLE	EAU PAR JOUR
Lapin nain	Ortie légèrement flétrie	I cuillerée à café par jour	Gaufrette, brindilles de genêt, saule	40 à 50 g	50 à 200 ml
Cochon d'Inde	Sablé	Vitamine C diluée dans de l'eau de boisson	Pierre à ronger	100 à 120 g	100 à 400 ml
Hamster	Vers de farine, chocolat les jours de fête	I cuillerée à café par jour	Biscuit I fois par semaine, branche	5 à 15 g 2 cuillères à café	20 à 80 ml
Rat	Graines de tournesol	I cuillerée à café d'huile de foie de morue	I morceau de bois	12 à 20 g	20 à 50 ml
Souris	Croûtes de fromage	I cuillerée à café d'huile de foie de morue	Plâtre	5 à 6 g	5 à 10 ml

rences. Le lapin nain apprécie une pâtée de son et de pommes de terre cuites en alternance avec des fourrages verts.

Le cobaye, qui aime varier ses menus, refuse parfois un aliment solide. Ses jours de caprice, mixez de la pomme, de la carotte, de la salade, que vous ajoutez à de l'aliment pour cobaye, une cuillerée de miel et de l'aliment en pots pour bébés comme la purée d'épinards. Le petit difficile va se régaler.

Pour le hamster, on peut composer un menu à base d'un mélange de pain complet, de lait, de farine et d'avoine.

Quant à la souris, elle adore lee boulettes, que l'on fait avec de la farine de blé, de la poudre de viande, du tourteau de soja et du lait en poudre.

Pour le rat, vous pouvez préparer d'avance une purée à conserver. Mélangez 150 g de farine de blé, 150 g d'avoine, 100 g de lentilles, 50 g de farine de lin, 50 g de lait en poudre, 4 g de sel. Pour lui, c'est un festin.

Nul n'est besoin d'être un fin cordon bleu pour réaliser la cuisine des rongeurs. Le problème, c'est plutôt que l'on n'est pas toujours disponible. Pourquoi dans ce cas-là ne pas se faciliter la vie en leur donnant des aliments tout prêts ?

L'alimentation industrielle

C'est très pratique de verser des granulés ou des croquettes dans la mangeoire de son animal. Il trouve dans ce mélange une grande variété de graines, des morceaux de noix, de noisettes, de cacahuètes non salées, de céréales.

Cette nourriture, distribuée dans le commerce, présente l'avantage d'être bien dosée. Servie avec de la verdure fraîche, elle correspond parfaitement aux besoins du rongeur.

Du coup, cela lui évite bien des ennuis comme celui de l'obésité chez le lapin nain. Pour peu qu'on nourrisse ce dernier avec une trop grande quantité de féculents, comme des pommes de terre cuites par exemple, notre bibendum ne passe plus par la porte de sa cage.

Autre avantage de la nourriture industrielle : elle est beaucoup moins chère que la cuisine faite à la maison.

Comme pour les chiens et les chats, les commerçants ont inventé des friandises pour rongeurs.

LA REPRODUCTION

Accueillerez-vous une grande famille ?

Vous songez à ce que votre rongeur ait des bébés. Attention! Cet événement mérite réflexion. Est-ce que la gestation et la mise bas ne tomberont pas pendant les vacances ? Aurez-vous la patience de vous occuper des rejetons ? De les nourrir, une fois sevrés, et de nettoyer leur cage ? Autant de questions à débattre à la maison.

Chez les rongeurs, il faut s'attendre à accueillir une grande famille. Les bébés sont très nombreux : trois ou quatre chez le cochon d'Inde, sept chez le hamster et chez le lapin nain, une bonne dizaine chez le rat et la souris. Quelle colonie ! Ces petits animaux sont vraiment très prolifiques. Il ne faut pas longtemps aux jeunes pour avoir des bébés (voir tableau p. 101) et le cercle de famille s'agrandit vite. En moins d'un an, des centaines de petits et grands peuvent courir dans toute la maison. C'est nettement trop !

La période des amours : les chaleurs

Une maman rongeur est toujours prête à avoir des petits. La saison n'a pas d'importance. Il est vrai toutefois que maman rate, qui nous réserve une série d'heureux événements dès le mois de février, ralentit la cadence en automne. C'est un peu la même chose pour la femelle du hamster : l'hiver, elle n'est pas portée sur les amours. Cela se comprend car

Dans une maison, une famille de rats risque d'être trop envahissante.

avec le froid qu'il fait dans la nature, il est hors de question pour elle de faire le moindre effort : elle hiberne. Mais la dormeuse se rattrape à la belle saison. Tous les 5 à 6 jours, mademoiselle hamster se fiance. Cela correspond à la période des chaleurs.

Qu'est-ce que les chaleurs ?

C'est l'époque où les ovaires fabriquent des ovules. Ce sont des cellules qui permettent la formation des futurs bébés après l'accouplement. C'est donc à ce moment-là que la femelle peut être fécondée.

Comment savoir si une femelle rongeur est en chaleur ? Cela ne s'entend pas comme chez les chattes qui miaulent à tue-tête ! Une femelle rongeur ne fait pas de bruit particulier. Elle demeure extrêmement discrète. En revanche, elle s'affaire un peu plus que d'habitude et ses oreilles frémissent au moindre bruit. On voit la demoiselle rate, par exemple, s'agiter et se précipiter et si on veut lui caresser la tête, pour partir ensuite comme une flèche ! La lapine est elle aussi complètement surexcitée.

Les premières chaleurs : une fois que le cycle a commencé, les chaleurs reviennent toute la vie. Chez les rongeurs, le rythme est très rapproché, ce qui explique le grand nombre de bébés.

À un peu plus de deux mois, la femelle cochon d'Inde est apte à la reproduction. Ses chaleurs durent une quinzaine de jours. Pour la jeune rate, la vie sexuelle commence très tôt : à deux mois tout

Qu'est-ce que le pedigree ?

Lorsqu'un rongeur est de race comme par exemple le cobaye péruvien ou le lapin Rex, il peut avoir un pedigree. Pour cela, il faut qu'il ait toutes les qualités requises dans un concours car les juges vont bien l'examiner.
C'est le jury qui décide si le rongeur a droit ou non à son pedigree. Muni d'un papier aussi précieux, votre lapin nain ou votre cochon d'Inde peut devenir un champion. Il ne lui reste plus qu'à rencontrer une femelle de race et les bébés ont toutes les chances d'avoir eux aussi leur pedigree.

Fausse alerte chez la lapine

Quand elle vit en groupe, la lapine est toujours en chaleur. La présence d'un mâle dans la cage voisine suffit à la mettre dans un état de surexcitation. Elle gratte sa litière, agresse ses compagnes. Puis on la voit entasser de la paille pour faire son nid. Et ceci même si elle n'a pas eu l'occasion de rencontrer son voisin de palier ! Elle s'affaire comme si des bébés allaient venir. Mais ce n'est qu'une fausse alerte. La petite rusée n'est pas enceinte. Elle n'a pas le ventre rond, ni les mamelles gonflées. Il n'y aura pas de petits.

juste. Quel remue-ménage ! Pendant quatre à six jours, elle est intenable, excitée comme une puce. Avec la jeune femelle hamster, la souris décroche la palme de la précocité sexuelle : à un mois et demi, elles sont amoureuses. Les amours durent trois ou quatre jours chez la souris, un peu plus chez Dame hamster. Mais cela ne veut pas dire non plus qu'elles sont réceptives au mâle tout ce laps de temps. Pendant la péridode des chaleurs, la souris n'est fécondable que 12 heures. Quant à la lapine, qui atteint l'âge de la sexualité à six ou sept mois, elle n'a aucun moment de prédilection pour être en chaleur. À toute heure du jour et de la nuit, l'été, au printemps, elle est toujours prête à entendre les déclarations d'un prétendant (voir encadré). Mais il arrive aussi que celui-ci tombe comme un cheveu sur la soupe : en automne et en hiver, ce n'est pas le moment pour faire des câlins, et la lapine sait aussi dire non.

Et le papa ?

Votre femelle rongeur a l'âge de la reproduction et vous voulez qu'elle ait des bébés. Mais quel papa allez-vous choisir ? Si votre lapine ou votre femelle hamster est de race, et que vous désirez des petits à leur image, il faut que le papa appartienne à la même race que la maman. Pour le trouver, renseignez-vous dans votre entourage, adressez-vous aux vétérinaires et demandez aux clubs (voir adresses p.144).

Mais s'il s'agit d'une femelle hamster doré ou cochon d'Inde sans pedigree (voir encadré p. 86), un mâle ordinaire fera l'affaire. Il doit être un peu plus âgé que la femelle.

Les présentations

Maintenant que vous avez trouvé la perle rare pour votre rongeur, vous devez observer un certain protocole. Inutile de précipiter les deux partenaires dans les pattes l'un de l'autre ! Il faut qu'ils apprennent à se côtoyer, qu'ils s'habituent l'un à l'autre.

Comme pour les gens, on doit faire preuve de délicatesse, ne pas commettre d'impairs. Ce serait une grave erreur, par exemple, d'introduire le mâle dans la maison de la femelle. Cela ne se fait pas chez les rongeurs. C'est Monsieur qui invite dans sa garçonnière ! Si l'on ne respecte pas l'ordre des choses, rien ne va plus. Le mâle manque d'assurance, la femelle devient agressive et, au lieu d'accueillir gentiment son hôte, elle l'attaque à coups de dents. N'attendez pas dans ce cas pour lui ôter de la vue son ennemi juré.

Il se peut en effet que le prétendant déplaise à la femelle, car les rongeurs eux aussi ont leurs goûts, leurs préférences. Peut-être n'avez-vous pas tiré le bon numéro ou bien la femelle n'est-elle pas en chaleur tout simplement. N'insistez pas. Remettez à un autre jour une nouvelle rencontre ou bien cherchez un autre mari pour votre femelle.

Pour un couple de cochons d'Inde, les présentations demandent un certain temps. Avant de les mettre dans la même cage, installez un grillage qui va servir de paravent aux futurs amoureux. Cela permet à l'un et à l'autre de faire connaissance sans pour autant s'engager sérieusement.

Nos amis rongeurs vont commencer à se découvrir en se flairant. Le mâle apprend beaucoup de choses sur sa future compagne d'après les sécrétions odorantes qu'elle émet. Quel âge a-t-elle ? Est-elle en chaleur ? Est-ce le moment opportun ou non pour une rencontre ? Rien n'est gagné d'avance. Dans ce couple, c'est Madame qui commande. Son chevalier servant a beau lui offrir des petits morceaux de nourriture, cela ne la séduit pas pour autant. Elle le repousse, et elle n'hésite pas à lui donner quelques chiquenaudes avec son museau.

À lui de prendre son mal en patience. Il peut même se méfier lorsqu'elle s'appuie sur les pattes

La femelle cochon d'Inde est parfois en colère quand son fiancé veut la séduire.

La vie à deux n'est pas faite pour les hamsters.

arrière, la gueule grande ouverte : non seulement elle s'apprête à le mordre mais elle l'asperge de son urine ! Alors il tourne en rond, remue l'arrière-train, claque la langue. Jusqu'au moment où sa promise devient beaucoup moins distante et se couche sur le dos. Ne tardez plus pour ôter le paravent qui sépare les deux amoureux. Ils sont impatients de s'accoupler.

L'accouplement

Chacun de ces petits rongeurs a sa propre façon de se reproduire. De manière générale, l'acte sexuel est rapide, il dure seulement quelques secondes.

Mais avant cette phase finale, il y a un jeu de poursuite qui dure assez longtemps. Car c'est à chacun de conquérir l'autre.

Comme pour rendre prisonnière sa dulcinée, le mâle décrit des cercles autour de la femelle et court comme un fou. On se demande même quelquefois quand il va s'arrêter ! Soudain, il s'arrête et, chez les hamsters par exemple, lèche la tête et les oreilles de sa partenaire, lui donne quelques bourrades avec son museau, creuse les abajoues. C'est une manière

La fécondation

Tout se passe dans le ventre de la femelle. Dans son utérus, il y a eu la rencontre de deux cellules :
- une cellule femelle, l'ovule qui est fabriqué uniquement pendant la période des chaleurs ;
- et une cellule mâle, le spermatozoïde, formé dans les testicules du rongeur. Pendant l'accouplement, le mâle a déposé des spermatozoïdes dans le vagin de la femelle. Mais seuls les plus rapides fécondent l'ovule.
Cela forme des œufs à partir desquel se développeront les bébés rongeurs.

de faire des bisous et des câlins chez les rongeurs. Puis, il flaire le ventre de sa belle qui s'allonge sur le dos. Et hop ! Tout le monde debout ! C'est reparti pour une course sans fin. Lequel rattrapera l'autre ? Il faut encore quelques tours de piste avant que la femelle ne soit consentante.

Le mâle va pouvoir féconder sa dulcinée après une interminable course-poursuite.

Chez les rats, il y a du suspense. A plusieurs reprises, la femelle refuse l'acte sexuel. Elle fuit le mâle et il la poursuit à nouveau. Puis, comme toutes

les femelles rongeurs, elle choisit le moment de se mettre en position d'accouplement. Elle abaisse alors l'échine, creuse le dos, relève l'arrière-train. En 15 secondes, tout est terminé. La femelle reste sans bouger, comme épuisée, mais cette fois elle ne se fait pas prier pour recommencer. C'est elle qui invite le mâle.

La séparation forcée

Jusqu'à l'acte sexuel, c'est l'entente cordiale entre les partenaires. Cela ne dure pas davantage. Les rongeurs ne font pas bon ménage. Ils se chamaillent, se mordent, se griffent. Cela n'a rien de très reposant...

**Préparez
la boîte à nid**

Deux à trois jours avant la mise bas, il faut veiller à rassurer la future mère. Elle ne doit surtout pas avoir d'inquiétude pour loger ses petits.
Il lui faut un nid. Un coin douillet où les petits seront bien au chaud et protégés des regards indiscrets.
Aidez-la à préparer le berceau en lui apportant des matériaux : des brindilles, du foin, de la ouate, des copeaux, des brins de laine. Laissez-la faire.
Elle confectionnera un nid très confortable. La femelle hamster est une experte en la matière : elle amoncelle des graines, des morceaux de bois. Surtout ne touchez pas aux nids. Cela perturberait les mamans et risquerait de diminuer les chances de survie des petits.

Du coton, du foin...,
comme le lit des bébés
sera doux !

Et puis les mâles ne deviennent pas de bons pères : ils ne sont pas du tout coopératifs. Pire : ils ont souvent le réflexe de faire disparaître les bébés et les dévorent comme s'ils se transformaient en ogres. Il est donc nécessaire de les séparer.
Mieux vaut alors laisser les mamans tranquilles. Dès qu'elles attendent des bébés, elles doivent être seules.
Seul le papa cochon d'Inde est capable de se montrer plein d'attentions envers la future maman. Quelle délicatesse lorsqu'il lui laisse toute la place à la mangeoire ! Mais cette galanterie n'existe plus au

Un régime "future maman"

Lorsqu'elle attend des petits, maman rongeur a un gros appétit. C'est normal, il faut bien que les bébés se nourrissent, mais cela ne veut pas dire qu'elle doit se goinfrer et devenir énorme : l'obésité provoque des maladies graves. Aussi, il faut lui donner un complément alimentaire et augmenter sa ration dans de bonnes proportions, ce, à partir du dernier tiers de la gestation.
Cela veut dire que pour les mamans hamster, souris et rate, la part doit être plus grosse 6 à 8 jours avant la naissance des bébés. Si l'on préfère se repérer par rapport au jour de l'accouplement, c'est 15 jours plus tard. Pour maman lapine, on gonfle le menu 10 jours avant l'heureux événement, c'est-à-dire 3 semaines après l'accouplement. Quant à maman cobaye, elle est très gâtée : elle a droit à une plus grosse part beaucoup plus longtemps : 20 jours avant la mise bas, c'est-à-dire 5 semaines après l'accouplement.
Pour chacune des futures mamans, il faudra donner du fromage (du gruyère par exemple, très riche en calcium) de l'orge, de l'avoine, qui apportent des vitamines. On peut faire très simple : rien de plus facile en effet que de diluer un complément minéral vitaminé dans l'eau de boisson ! C'est très important aussi d'augmenter la ration d'eau : la future maman a besoin de 3 à 5 fois plus d'eau que d'habitude.
Enfin, mettez à sa disposition une pierre à lécher, en vente dans le commerce. Cela lui apportera tous les oligo-éléments dont elle a besoin.

Quand la maman rongeur a des bébés, le couple fait chambre à part.

moment de la mise bas. Il ne se sent pas du tout concerné par l'heureux événement. Il n'a qu'une idée en tête : couvrir à nouveau sa belle, qui, malgré son épuisement, est en chaleur quelques heures après la naissance. On comprend pourquoi la séparation s'impose : il faut que la maman se repose.

Pourtant, le cochon d'Inde que l'on oblige à faire chambre à part n'est pas tout à fait comme les autres. Lorsque les nouveau-nés sont là, il est d'une aide précieuse dans la maisonnée. C'est lui qui fait la toilette de la marmaille, comme un vrai papa poule !

La maman attend des petits

On ne voit rien du tout, mais l'histoire des bébés rongeurs a commencé. Les petits œufs se développent dans l'utérus de la mère pour donner les futurs bébés. Cette période s'appelle la gestation (ou grossesse). Elle ne dure pas autant de temps pour une souris que pour une mère cochon d'Inde. Cela dépend de l'espèce.

Chez la maman hamster, cela va très vite : elle met bas 15 à 18 jours après l'accouplement. La souris est maman au bout de 19 jours, et la rate au bout de 20 jours. La lapine est moins pressée : elle attend ses bébés pendant 31 jours. C'est deux fois moins longtemps que la maman cobaye qui a les petits dans son ventre pendant 59 jours au moins, parfois 72 jours.

Cela donne le temps de voir son ventre s'arrondir. Au bout d'une quinzaine de jours, elle a perdu sa ligne. Les bébés cobayes pèsent déjà la moitié de leur poids de naissance, c'est-à-dire 30 grammes chacun. On imagine le fardeau pour la maman ! A transporter ses 3 ou 4 bambins, elle a au total une charge de 90 ou 120 grammes. Et ce n'est pas fini. Elle doit encore patienter 44 jours.

Chez la rate, le ventre devient tout gonflé 8 jours avant l'accouchement, c'est-à-dire dès la deuxième semaine de gestation. Et la souris ? Son ventre est ballonné à partir du dixième jour de grossesse ! Elle n'est pourtant qu'à la moitié du chemin. Quand la mise bas arrive, on dirait que son ventre va éclater. Elle qui était si menue est devenue très grosse : elle pesait 25 grammes, elle a doublé de poids.

En revanche, chez la femelle hamster, c'est la ligne haricot vert. Il faudrait une loupe pour s'apercevoir qu'elle attend des bébés. De toutes les femelles rongeurs, elle est bien la seule à cacher sa maternité. C'est peut-être là une façon très rusée pour ne pas être dérangée !

Surtout, il ne faut pas troubler le calme des futures mamans. Si l'on fait du bruit ou si l'on s'agite autour d'elles, elles risquent d'avorter. Cela veut dire que les bébés naissent avant la date prévue, souvent morts. C'est bien regrettable. C'est parce que les femelles qui attendent des petits sont particulièrement sensibles à l'environnement. Lorsque l'atmosphère est survoltée et que les conditions de vie ne sont pas bonnes, la maman lapine, par exemple, fait comme si elle était à l'état sauvage : elle met au monde des petits morts-nés, en pratiquant une sorte de contrôle des naissances.

Le phénomène des morts-nés est très fréquent chez les lapines naines qui accouchent pour la première fois, pour une raison physiologique cette fois. Elles possèdent en effet un bassin si étroit que leur première portée a peu de chances de vivre.

Avant l'accouchement

Un grand moment se prépare. La maman devient de plus en plus nerveuse. Elle est inquiète, craintive. Elle s'agite autour du nid. La lapine gratte la litière, met sa maison sens dessus dessous, arrache les poils de son ventre pour dégager ses mamelles... Laissez-la tranquille. Avec ce duvet, elle renforce le nid qui sera encore plus doux et plus moelleux pour les bébés. Vous pouvez être sûr, à ce stade, que la naissance approche.

La femelle cochon d'Inde est plus calme. Il est vrai qu'elle dort beaucoup, la nuit comme le jour. Ne laissez personne s'approcher d'elle. N'essayez pas de la caresser. Contentez-vous de la surveiller du coin de l'œil. Ne changez rien à son mode de vie. Laissez le nid à sa place. Ne bougez pas la cage. A deux jours de la mise bas, n'enlevez plus la litière. Il n'y a plus rien à faire qu'à lui servir son repas, enrichi de vitamines et protéines (voir p. 92), lui donner de l'eau fraîche et attendre.

Les bébés vont naître !

La maman rongeur est surmenée. Elle est inquiète mais elle est parfaitement capable de se débrouiller toute seule pour mettre bas. Elle n'a pas besoin d'aide et un témoin la gênerait certainement. Elle a d'ailleurs toutes les chances d'être tranquille : tout va sûrement se passer en pleine nuit lorsque vous serez en train de dormir. Au réveil, quelle surprise ! La femelle cochon d'Inde fait exception. La lumière du jour ne la dérange pas. Elle peut même se donner en spectacle si vous vous trouvez là au bon moment. Attention ! Ne faites aucun bruit, n'intervenez pas. Tout va très vite. On la voit en train de grignoter, elle s'accroupit et soudain un bébé sort, éjecté. Ca s'est passé comme une lettre à la poste !

La maman ne perd pas une seconde. Avec ses dents, elle déchire l'enveloppe transparente qui recouvre son petit. C'est ce qu'on appelle le placenta. Puis elle le mange car il ne faut pas que les frères et soeurs, qui vont sortir à 7 minutes d'intervalle, s'étouffent. Le petit est encore accroché à sa mère par un cordon, le cordon ombilical, une sorte de "tube" dans lequel passait sa nourriture tout le temps de la grossesse. Vite, elle le rompt avec ses incisives tranchantes puis nettoie le museau, les narines du nouveau-né pour qu'il puisse respirer. Très affairée, elle va répéter les mêmes gestes pour les deux ou trois petits cochons d'Inde qui suivent. Une demi-heure après, la famille est au complet. Comme ces bébés sont éveillés ! Ils ont déjà les yeux ouverts, ce qui n'est pas ordinaire chez les nouveaunés. Cela fait un bon moment qu'ils sont comme cela : 14 jours avant la naissance, leurs yeux

Dès que le bébé est né, la mère déchire le placenta.

Après la mise bas

Discrètement, inspectez les lieux après la naissance. Comment va la jeune maman ? Attention à ne pas lui faire peur. Toute anxiété ou motif d'énervement pourrait la perturber. Eloignez impérativement votre chat ou votre chien. Si la maman rongeur entend un aboiement intempestif ou voit le chat poser sa patte sur le barreau, elle est capable de manger ses petits ! Soyez attentif à elle les jours qui suivent. Elle est fragile et peut tomber malade. Si elle semble fatiguée, ne s'occupe pas de ses petits, a des pertes, emmenez-la sans tarder chez le vétérinaire.

s'ouvraient déjà dans le ventre de la mère. Quelle précocité ! On les croirait pressés de découvrir le monde. Voilà qu' ils courent, ils n'ont même pas un jour.

Pour la tétée, tout est question d'organisation. Comme la mère n'a que deux tétines, chacun attend son tour. Il n'y a pas la moindre dispute. Si l'on a vraiment très faim, on s'occupe à... grignoter. Eh oui, fini les dents de lait ! Déjà, dans le ventre de leur mère, elles étaient remplacées par les dents définitives.

L'avantage, c'est que les bébés peuvent goûter dès maintenant au foin et aux carottes.

Ce n'est pas du tout pareil chez les bébés hamsters. Mais comment serait-ce possible ? Leur poids de naissance n'a pas de commune mesure avec celui des cochons d'Inde : 2 grammes pour un nouveau-né hamster, c'est quinze fois moins qu'un bébé cochon d'Inde. En plus, ils sont nus et aveugles. Mais ils ne sont pas empruntés pour autant. Avec leurs pattes avant, ils se mettent à masser la mamelle de leur mère. En avant les musclés ! À 7 bébés hamsters, cela fait 14 pattes qui appuient sur la mamelle. Quelle énergie pour faire venir le lait. Ça y est. Tous vont pouvoir se régaler.

Chez les lapins nains, il y a aussi toute une ribambelle : ils sont 6 à 7 rejetons. Mais les rats peuvent atteindre la dizaine : ils naissent nus comme des vers et pèsent 7 grammes chacun. Les souriceaux sont tout aussi fragiles. Mais quand on est 10 ou 13 à la

Attention !
Ne pas toucher !

Il n'est pas question de toucher aux nouveau-nés qui sont blottis dans leur nid. A la moindre odeur étrangère, la mère ne reconnaît plus son petit et le tue. Mais si par exemple, un bébé tombe hors du nid, on ne peut le laisser mourir de froid. Sans poils, il ne survivrait pas une fois privé de la chaleur de la portée. Il faut le remettre à sa place. Mais certaines précautions sont nécessaires. Avant de replacer le bébé, frottez-vous les mains avec du thym, qui fait disparaître toute odeur humaine. Ainsi, la mère n'y verra que du feu et n'aura pas l'idée d'abandonner son petit.

douzaine, on se "serre les coudes", blottis les uns contre les autres. On se tient chaud dans le nid. Pas question pour le moment d'en sortir !

Les premières semaines de vie

La mère lèche l'anus de son petit pour extraire les excréments.

Bébés cochon d'Inde., les yeux ouverts à la naissance.

Maintenant que tout ce petit monde-là se porte bien, la maman rongeur est tranquillisée. Ses bébés sont jolis, tout propres, bien léchés. Ils sont réunis sous son ventre, tous accrochés à sa mamelle. Ils tètent. Les premières heures de la vie, ils absorbent un liquide épais très riche en protéines. Ce n'est pas du lait, mais du colostrum. Il est très précieux car il contient des substances qui protègent les bébés contre les maladies. Plus tard, les petits tètent le lait maternel. C'est là qu'ils puisent toutes leurs forces pour grandir très vite.

Mais tous les bébés rongeurs ne grandissent pas au même rythme. Bébé cochon d'Inde est un vrai prodige. À deux jours, il se débrouille comme un chef pour faire ses besoins. Sa mère n'a plus à lui lécher l'anus pour extraire ses excréments. C'est déjà un grand. Pas besoin de leçon non plus pour lui

apprendre à faire sa toilette. Comme il y met du sien ! Une fois qu'il est tout propre, c'est parti pour l'aventure ! Il faut le voir jouer avec ses frères et sœurs ! Voilà tous les bébés cochons d'Inde qui trottinent les uns derrière les autres. Si l'un d'entre eux est en retard, il pousse un cri de détresse pour appeler au secours. Pas de panique ! Sa mère accourt alors et le raccroche aux autres.

Il lui arrive aussi de crier quand il n'y a aucun danger. C'est le "cri du cinquième jour". Il crie parce qu'il est bien avec ses frères et sœurs tout simplement. Même quand sa mère le lèche, il émet un cri grave, puis aigu. Il faut bien qu'il s'exprime.

À l'âge de 25 ou 30 jours, c'est la révolution ! Les petits cochons d'Inde sont très mécontents que leur mère les "lâche" en refusant de les allaiter. C'est le sevrage. Alors ils lui mordillent la croupe, et pour se venger, s'attaquent les uns les autres. Il n'y a vraiment plus de temps à perdre pour séparer ces petits effrontés. Individuellement, ils seront sages comme des images.

Le bébé hamster ne devient pas une graine de champion du jour au lendemain. Il est même un peu empoté les premiers jours. Il est si minuscule ! Comme il n'a pas beaucoup de force pour se déplacer, il reste collé à sa mère. S'il veut voir du pays, il rampe sur ses toutes petites pattes, et titube. Heureusement, sa mère ne le quitte pas des yeux. Elle a vite fait de le rattraper avec ses incisives. Pour le ramener jusqu'au nid, elle dispose d'un sac très pratique : ses abajoues (voir p. 14). Lorsqu'il revient auprès de ses frères et sœurs, il n'a plus qu'à téter le lait maternel. Il y en aura pour tout le monde : la maman ne possède pas moins de 7 à 11 paires de mamelles. Vers le cinquième jour, on change de menu. On passe aux graines. Mais on n'abandonne pas pour autant la tétée. A ce moment-là, le bébé hamster accomplit un grand progrès. Il fait sa toilette après manger. Pour se lécher les pattes, épousseter son léger duvet, il se met ventre au sol. Ce n'est pas très confortable. Lorsqu'il aura une dizaine de jours, il saura s'asseoir pour faire sa toilette. Mais il lui faut encore grandir pour ne pas perdre l'équilibre. Il n'empêche, le bébé a franchi une étape importante. Maintenant il a les yeux grand ouverts pour tout découvrir. Il sait faire ses besoins tout seul

Les souriceaux ne risquent pas de crier famine : chacun a son mamelon.

et même remplir et vider ses abajoues. C'est l'âge du sevrage. Il a trois semaines.

Dans la famille des bébés lapins nains, on a droit à la tétée deux fois par jour. Maman lapine fournit un lait maternel tellement riche en protéines et en graisses qu'en une semaine, chaque lapereau double son poids de naissance ! Comme ils sont mignons ! Ils pourraient sortir du nid mais, à une semaine, ils préfèrent rester agglutinés les uns contre les autres. C'est comme cela que l'on se tient chaud quand on ne possède qu'un léger duvet. On dirait du coton. Il faut attendre encore huit jours pour être très élégants. À ce moment-là, les 6 ou 7 petits lapins nains se mettent à ramper en dehors de leur cage.

Très attentive, la mère les avertit dès qu'il y a un danger : elle tambourine le sol de ses pattes arrière, hop ! les 7 petits bouts disparaissent comme volatilisés. Les lapins se sont cachés car ils ont bien compris le message de leur mère.

C'est le moment pour vous d'être très vigilant. En liberté, les bébés lapins nains furètent partout, grignotent tout ce qu'ils trouvent : du papier, du plastique, des capuchons de stylos jusqu'aux fils électriques...

Attention aux portes qui claquent ! Les bambins peuvent se faire écraser. Gare aux fenêtres ouvertes ! Ils peuvent tomber et se tuer.

À un mois, les petits ne sont pas encore indépendants. Ils tètent encore leur maman alors qu'ils savent très bien grignoter et digérer sans problème. Il faut qu'ils aient huit semaines pour pouvoir quitter le giron de leur mère.

Un petit rat est plus débrouillard. Mais quand on le voit jouer, courir avec ses 9 à 11 frères et sœurs à la queue leu leu, en poussant des cris aigus, il a déjà trois semaines. Auparavant, il est resté accroché aux mamelles de sa mère et c'est bien la meilleure place quand on a les yeux et les oreilles fermés pendant les six premiers jours. Pour les souriceaux, c'est également le monde du silence. Mais l'on ne s'ennuie pas pour autant, puisque l'on tète une bonne partie de la journée. La mère souris est très bien équipée pour la tétée collective. Chaque petit a son mamelon.

L'élevage au biberon : il arrive que la mère, affaiblie, meure après la naissance de ses petits. Peut-être pourra-t-on les sauver, mais les chances de survie ne sont pas les mêmes pour tous. Ceux qui ne pèsent pas 10 grammes comme le nouveau-né hamster, rat ou souriceau, sont extrêmement fragiles. On risque fort d'échouer tant il est difficile de remplacer le lait maternel.

C'est peut-être plus facile de sauver un bébé lapin nain. Prenez soin de l'envelopper dans une serviette chaude pour qu'il ne prenne pas froid. Avec une seringue (sans aiguille), dont vous vous servirez comme d'un biberon, donnez-lui du lait maternisé pour chatons. Lorsque la tétée est finie, massez son ventre tout doucement pour qu'il fasse ses besoins. Nettoyez-lui le derrière avec un coton imbibé d'eau tiède, puis mettez-le sous une lampe à infra-rouges entre deux tétées. Il doit boire son "biberon" au moins quatre fois par jour. Vers la troisième semaine, vous pourrez mélanger le lait avec de la bouillie d'avoine et du jus de carotte.

C'est le cochon d'Inde qui cause le moins de soucis quand il est orphelin. Même s'il tète normalement sa mère pendant trois semaines, il est capable de manger très vite de la nourriture solide. Lui, il a une dentition définitive. Il ne refuse pas les petits

Peut-être à l'aide d'une seringue (sans embout), réussira-t-on à sauver un orphelin !

morceaux de biscottes, les pommes râpées, ou encore de la nourriture en boîte pour chiots et chatons. La bouillie est également indiquée. Il peut manger de la purée de carottes en petits pots pour bébés ou des concombres mixés. À deux semaines, le petit orphelin peut déjà passer au régime adulte.

Dans tous les cas, la solution idéale consiste à trouver une nourrice. Ainsi, le bébé, une fois adopté, sera bien alimenté. Pour cela, renseignez-vous auprès des associations et clubs (voir p. 144). Ils vous indiqueront l'adresse d'un éleveur capable de vous fournir une mère adoptive.

Maman rongeur et ses petits

Comme elle s'en occupe bien ! Elle les lèche, fait leur toilette. Au début, elle passe beaucoup de temps à les allaiter. Les bienheureux vivent cachés sous son ventre. Elle les nourrit mais les réchauffe aussi. Ils ont bien besoin d'une couverture chauffante au-dessus de leur peau rose bonbon.

Pour rien au monde, Maman rongeur ne quitterait ses petits ! Il faut veiller sur eux, surveiller leurs escapades à quelques centimètres du nid. Il y a bien du travail pour une mère rongeur. Un jour, les petits feront tout comme elle et alors elle pourra être tranquille. La famille sera enfin éduquée.

Isolé de sa famille, le nouveau-né a froid. Les mains enduites de thym, on le remet avec les siens.

La vie sexuelle des rongeurs

Rongeurs	Lapin	Cobaye	Rat	Souris	Hamster
Durée de vie	8 ans	7,5 ans	3,5 ans	2,5 ans	4 ans
Maturité sexuelle	6 à 7 mois	2 à 3 mois	2 à 2,5 mois	1,5 à 2 mois	1,5 à 2 mois
Reproduction	Tte l'année	Tte l'année	Tte l'année	Tte l'année	avril/août
Gestation	31 jours	59-72 jours	20-22 jours	19-21 jours	15-18 jours
Portée	7 petits	4 petits	10 petits	10 petits	7 petits
Lactation	3 semaines	3/4 semaines	3 semaines	3 semaines	3/4 semaines

Quelques questions

À partir de quel âge un rongeur peut-il s'accoupler ?

Certains sont très précoces : la souris et le hamster atteignent leur maturité sexuelle dès l'âge de six semaines. Le rat doit avoir au moins deux mois, le cobaye, trois. Le lapin est plus tardif : la femelle cherche l'âme soeur à six mois, le mâle à sept (voir tableau).

Combien de temps une maman rongeur allaite-t-elle ses petits ?

Trois semaines environ. Elle cesse d'allaiter lorsque les petits sont assez grands pour manger des aliments solides. C'est ce qu'on appelle le sevrage. Cela correspond à la durée de lactation chez une femelle : à cette période elle ne produit plus de lait.

Ma lapine attend des petits. Elle est tellement nerveuse qu'elle s'arrache les poils sous le ventre. Que dois-je faire ?

Rien. Ce comportement est normal. La lapine enlève le duvet qui couvre sa poitrine pour libérer ses mamelles. C'est signe que la naissance approche (voir p. 94).

Ma femelle hamster a dévoré ses petits à la naissance alors qu'elle n'était pas dérangée. Pourquoi est-elle si cruelle ?

On ne peut pas parler de cruauté car la nature a ses raisons... que la raison ignore. D'abord il faut comprendre ce qui l'a amené à éliminer ses petits. Était-ce la première fois ? La jeune maman a peut-être été prise de panique. Peut-être a-t-on essayé de toucher ses petits ? Alors elle a été complètement perturbée. Peut-être aussi était-elle insuffisamment nourrie pendant la gestation ? Alors elle devait manquer de vitamines, de calcium.

Peut-être aussi ses petits étaient-ils malades ou morts-nés. Dans ce cas, le "cannibalisme" de la maman s'explique. Il correspond à la conduite d'un animal dans la nature : une mère ne veut pas que ses petits soient mangés par les prédateurs. Elle les dévore elle-même pour ne pas laisser de traces.

Ma rate est en chaleur tous les cinq jours mais je ne veux pas qu'elle ait de petits. Comme pour les chattes et les chiennes, peut-on faire stériliser les femelles rongeurs ?

Bien sûr. Cette opération est moins courante, car la durée de vie est beaucoup moins longue chez un rongeur que chez une chienne ou chez une chatte. Mais les vétérinaires acceptent de la pratiquer.

L'ovariectomie se déroule sous anesthésie. Il s'agit d'enlever les ovaires d'une femelle rongeur dès que celle-ci a atteint sa maturité sexuelle (voir tableau p.101) L'opération est rapide. Le soir même vous retrouverez votre compagne. Il faudra la laisser bien tranquille dans sa cage . Vingt-quatre heures plus tard, elle pourra boire et manger.

La stérilisation existe-t-elle pour les mâles ?

Oui. Cela s'appelle la castration. Il s'agit d'ôter les testicules du rongeur, une fois que celui-ci est formé, (un peu plus tard que la femelle). L'intervention est rapide et se passe sous anesthésie. Au retour, le mâle est moins agressif.

Un jour, un copain a apporté son lapin nain à la maison. Il a fait connaissance avec ma lapine, et alors qu'elle n'était pas en chaleur, elle s'est retrouvée enceinte. Est-ce normal ?

Oui. Chez les lapines, les chaleurs ont lieu à n'importe quel moment sauf en automne ou en hiver. Contrairement aux autres mammifères qui pondent des ovules à espaces réguliers, la lapine a tout le printemps et tout l'été pour être disponible vis-à-vis des mâles. La fécondation est pratiquement certaine après chaque ovulation qui est provoquée par l'accouplement.

Je n'ai pas souhaité la naissance de bébés lapins nains et ne connais personne à qui les donner. La SPA accueille-t-elle d'autres animaux que les chiens et les chats?

Oui. Mais les refuges de la SPA n'ont pas un nombre de places illimité. Car les animaux abandonnés sont, hélas, de plus en plus nombreux. Il faut donc éviter de pareils incidents et envisager une ovariectomie de la lapine..

LES MALADIES

Votre rongeur n'est pas comme d'habitude. Il ne joue plus, il ne grignote plus avec l'air gourmand qu'on lui connaît. Il n'est pas dans son assiette. Serait-il malade ? Mais comment savoir ?

Présente-t-il un signe anormal ? Qu'est-ce qui nous indique qu'il a mal au ventre ? Est-ce que l'on est sûr qu'il n'a rien aux yeux ni aux dents ?

Si l'on est capable de déceler ce qui ne va pas chez son rongeur, il est possible de le guérir soi-même. En lui donnant des soins précis ou en corrigeant son menu...

Mais il arrive aussi que l'on ne puisse rien faire. Alors, sans attendre, il faut amener son petit animal chez le vétérinaire.

Comment soigner votre rongeur ?

Il reste dans son coin sans bouger. Il ne dort pas, ses jouets ne l'intéressent plus, la nourriture le laisse de marbre. Un turbulent transformé en statue, ce n'est pas normal. Pourtant l'on ne voit rien sur son pelage, ses pattes, ses yeux, qui paraisse différent des autres jours. Pour en avoir le cœur net, la première chose à faire est de prendre sa température. Pour cela, on utilise un thermomètre médical que l'on secoue jusqu'à ce qu'il affiche 36 °C. On enduit le bout de vaseline ou de savon avant de l'enfoncer tout doucement dans le postérieur du petit malade. Inutile de forcer, cela va tout seul. On attend ainsi une minute.

En forme ou patraque ?

RONGEUR	EN FORME (° C)	DÉBUT DE FIEVRE (° C)
Rat	37 - 38	+ 38,1
Hamster	37,5 - 38,5	+ 38,6
Cochon d'Inde	37 - 39	+ 39,1
Souris	38,5 - 39,3	+ 39,4
Lapin nain	38,5 -39,5	+ 39,6

Attention, pas de panique ! Ce n'est pas parce que le thermomètre monte à 38, 5° C- 39, 5° C que le lapin nain est malade. C'est tout à fait normal. D'ailleurs la température est variable d'une espèce à l'autre. Il faut donc bien retenir ce qui correspond à son compagnon. Pour la souris, la température normale est de 38,5° C - 39, 3° C. Chez le cochon d'Inde, elle oscille entre 37° C et 39° C, chez le hamster, entre 37, 5° C et 38, 5° C, chez le rat entre 37° et 38° C.

Comment le tenir pour l'examiner et le soigner ?

D'habitude, c'est facile. Il grimpe sur votre main dès que vous l'appelez par son nom. Mais en ce moment, il fait la sourde oreille. Pire : il a l'air effrayé et reste

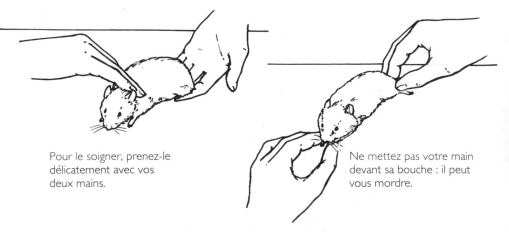

Pour le soigner, prenez-le délicatement avec vos deux mains.

Ne mettez pas votre main devant sa bouche : il peut vous mordre.

prostré dans sa cage. Il faut le prendre des deux mains très délicatement afin de le rassurer. On le tient en mettant une main sur son cou, l'autre sous son arrière-train. Attention à ne pas le toucher sous le ventre car il risque d'avoir encore plus mal s'il souffre déjà. Il faut garder son calme pour ne pas lui faire peur et le poser sur la table en gardant une main sur lui. Là aussi, il faut être prudent et ne pas laisser sa main devant sa bouche : il peut avoir le réflexe de mordre du fait de l'inquiétude.

La trousse à pharmacie

Nous ne sommes pas là pour jouer au vétérinaire amateur ! Inutile de posséder une pleine valise de médicaments ... Il suffit de quelques boîtes et ustensiles indispensables pour assurer les premiers soins .
La trousse à pharmacie doit contenir un thermomètre, du coton hydrophile, des compresses de gaze, des ciseaux à bouts ronds, une pince à épiler, de l'eau oxygénée à 5 et 10 volumes. On peut également prévoir des bandes extensibles pour les urgences.
On n'utilise guère les pansements car ils ne font pas long feu : un rongeur s'empresse de tout ronger!

Cela arrive surtout chez la souris et le rat. Ils se manifestent de cette façon lorsqu'on les manipule mal ou tout simplement lorsqu'on veut les attraper. Il n'y a qu'une méthode efficace : les saisir par la peau du cou. Et si l'on n'y parvient pas, on peut avoir recours à une certaine ruse : les tenir par la queue. Mais cela ne doit être fait qu'en cas de difficulté.

C'est le lapin nain qui se montre le plus nerveux. Il est difficile et même dangereux de l'immobiliser. Il donne parfois de telles détentes avec ses pattes

Le carcan

Le petit rongeur donne bien du fil à retordre quand on le soigne. Lorsqu'il faut laisser agir un produit sur sa peau ou une partie du corps, ou bien qu'il a une plaie, il ne pense qu'à se lécher ! Comment l'en empêcher ?
On peut fabriquer un carcan.
Certes cette collerette ne va pas lui faire plaisir car elle le prive de sa liberté de mouvement.
Mais on ne peut faire autrement.
On prend alors un carton épais. Avec le compas, on trace un cercle de 15 cm, et un plus petit qui correspond au tour de cou du cochon d'Inde ou de la souris. On découpe cet anneau puis on entoure l'intérieur de ruban adhésif afin de ne pas irriter le cou du malade. Il reste à faire des petits trous sur chaque côté de la fente pour passer un lacet.
Voilà, il n'y a plus qu'à fermer le carcan.
Drôle de bavette pour notre rongeur !

Une collerette très désagréable mais indispensable pour que le lapin guérisse.

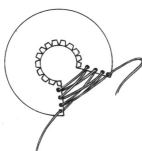

Pour fabriquer un carcan, on découpe un cercle et on fait des petits trous pour passer un lacet.

arrière qu'il pourrait se briser la colonne vertébrale! On a beaucoup moins de problèmes avec le cochon d'Inde qui reste docile et bien sage s'il sent qu'on le retient délicatement par la peau du cou. Le hamster n'est pas un mauvais bougre non plus. Mais attention ! Si on le réveille, ou s'il n'est pas dans son assiette, il peut se montrer de fort méchante humeur. Et là, comme les copains, il n'hésite pas à se venger d'un coup de dents .

Comment lui faire avaler des médicaments

C'est un véritable tour de force ! Même en étant très habile, on peut difficilement procéder comme on le fait pour un chat ou un chien qui prennent assez facilement leurs médicaments. Pour un rongeur, qui a la dent longue et coupante, c'est beaucoup trop risqué. Peut-être peut-on agir par la ruse en essayant la méthode la plus simple. Il suffit alors, si le comprimé est trop gros, de l'écraser et de mélanger la poudre obtenue à sa nourriture. Mais cela pose problème lorsque l'animal refuse toute alimentation. Le mieux est alors d'avoir recours au sirop. Là encore, il faut être rusé comme un Sioux ! Dans une seringue en plastique sans aiguille, on introduit le liquide. Puis, en tenant bien le rongeur par la peau du cou, on glisse l'embout sur le côté de la mâchoire sans lui ouvrir la bouche. Il faut seulement soulever la lèvre sur le côté, juste derrière les incisives, à l'endroit où il n'y a pas de dents. Maintenant on peut appuyer sur le piston, tout doucement : il faut laisser au petit rongeur le temps d'avaler tranquillement son médicament.

Comment lui mettre des gouttes ou de la pommade dans les yeux ?

Mieux vaut être deux et répartir les tâches. Une personne maintient le petit rebelle qui n'aime pas du tout ce genre de choses, une autre gardera son œil ouvert.

Pour le tenir, on n'a pas le choix : il faut lui prendre la peau du cou. Il ne reste plus qu'à soulever sa paupière supérieure avec l'index et baisser la paupière inférieure avec le pouce. Avec l'autre main, on met les gouttes ou la pommade. Ce n'est pas fini. Il faut laisser encore quelques secondes l'œil ouvert afin que le produit se répande bien sur le globe oculaire. Et voilà ! On peut relâcher son prisonnier.

Comment lui faire une piqûre ?

Cela vous impressionne. Rassurez-vous. D'une part, cela n'est pas difficile. D'autre part : vous êtes bien obligé de soulager votre petit compagnon et il faut donc surmonter votre appréhension .

En fait, le plus dur est de le tenir immobile (voir p. 106) Et surtout, il faut garder son calme pendant l'intervention. C'est très important. Il ne s'agit pas en effet d'inquiéter l'animal qui pourrait s'agiter au moment de l'injection

Alors, comment s'y prendre ? Après avoir préparé le produit et vérifié plutôt deux fois qu'une qu'il n'y avait pas de bulle d'air dans la seringue, on soulève avec deux doigts la peau qui se situe entre les épaules. Cela forme un triangle. Juste au centre, on enfonce l'aiguille de quelques millimètres à l'horizontale d'un petit coup sec et on injecte le liquide. C'est fait.

Si vous manquez d'assurance pour cette première piqûre, demandez à votre vétérinaire de vous montrer comment procéder. Vous n'aurez plus qu'à l'imiter par la suite.

La piqûre se fait dans la peau du cou.

Comment soigner une plaie ?

On commence par couper délicatement les poils qui entourent la plaie. Celle-ci doit être examinée attentivement. N'y a-t-il pas un corps étranger à l'intérieur ? Un épillet, un morceau de foin ? Il faut retirer

Avant de soigner une plaie, il faut couper les poils.

l'intrus avant de désinfecter la plaie . Ensuite, on utilise une compresse imbibée d'eau oxygénée ou de Dakin et on tamponne légèrement au centre. Inutile, sauf en cas d'urgence (voir p. 134), de prévoir un pansement ! Il ne tiendrait pas longtemps . Le petit rongeur passerait son temps à essayer de l'enlever... et y parviendrait .

Il faut donc laisser la plaie à l'air libre, puis, deux fois par jour, renouveler les soins afin qu'elle ne s'infecte pas .

Si la plaie est trop large, elle ne pourra se refermer qu'à l'aide d'un point de suture. Dans ce cas, il faudra emmener le petit rongeur chez le vétérinaire.

La peau, les poils et leurs maladies

Excepté en cas d'urgence (voir p. 134), faire un pansement est peine perdue : le petit malin a tôt fait de tout ronger.

Avec sa fourrure, toute douce, le petit rongeur semble être vraiment bien dans sa peau. Elle le protège contre le froid et lui sert de manteau. Quand il s'endort, elle fait office de couverture. Elle est si confortable que des petites bêtes viennent y chercher refuge. Cela importune le rongeur. Il risque d'être malade. On ne voit même pas que sous les poils, la peau est irritée ou infectée.

La peau : elle constitue un véritable rempart contre les chocs. Lorsqu'il a le diable au corps, court comme un fou et se cogne contre les barreaux de la cage, le petit rongeur ne risque pas d'avoir de bleus : sa peau est si souple qu'elle glisse sur les muscles . Sous la peau, il y a des glandes . Ce sont elles qui fabriquent un liquide gras, très riche en

Difficile de soigner un rongeur ! Non seulement il ne garde pas les pansements, mais il lèche le médicament appliqué sur la peau.

vitamine D, appelé sébum. C'est très précieux pour le rongeur : en se léchant, il absorbe les substances qui vont le protéger contre certaines maladies.

Les poils : s'ils sont beaux, brillants et lisses, tout va bien. C'est un signe que l'animal est en bonne santé. À l'inverse, des poils ternes et emmêlés sont le premier indice d'une mauvaise forme. Eh oui, sous les poils et la peau, se cachent des maladies ...

Mon rongeur se gratte

Si votre rongeur se gratte que peut-il donc bien se passer sous ses poils ? Peut-être en écartant bien ses poils trouvera-t-on le ou les coupable(s) : des petits points rouges, des petites bêtes blanches ...

Il a des petites bêtes sur sa fourrure

On comprend donc pourquoi il se gratte si souvent ! À regarder de très près, on voit des petites choses qui se déplacent sur sa peau ou des petits points blancs collés à ses poils . Ce sont des parasites. Avec une loupe, on peut bien les observer et faire la différence entre les poux et les puces.

Voit-on des petits points blancs collés aux poils ? Ce sont les œufs des poux, les lentes. On ne peut même pas les enlever avec une brosse. Pour les faire disparaître, il faut donner un bain insecticide à son animal en utilisant un produit spécial acheté en pharmacie. Au bout d'une seule séance, on peut le croire sorti d'affaire, mais ce n'est pas suffisant. Il faut encore renouveler le traitement. Le petit "pouilleux" devra prendre trois bains à une semaine d'intervalle, et on emploiera le même produit pour nettoyer entièrement la cage car huit à dix jours après avoir été pondu, l'œuf donne naissance à des larves minuscules, mesurant à peine un demi-millimètre. Il existe une autre famille de poux légèrement plus gros, atteignant la taille d'un millimètre. Ils consomment la peau usée de l'animal et le piquent pour boire son sang ! Leurs allées et venues dans le pelage irritent la peau du rongeur et finissent par provoquer de fortes démangeaisons.

Il faut donc être très vigilant et appliquer le même traitement que pour les autres poux piqueurs : trois bains insecticides à une semaine d'intervalle jusqu'à ce que tout redevienne normal. N'oubliez pas non plus la cage !

Les poux restent collés aux poils.

Les puces sont terribles, elles aussi. Il est facile de les reconnaître : on dirait des grains de riz marron ou noirs qui courent sur le pelage. Elles se nourissent du sang de l'animal et provoquent de fortes démangeaisons. Elles infestent les nids quand il vient d'y avoir des naissances et restent pendant toute la période d'allaitement. Pour quoi faire ? Pour pondre et pondre encore. Quand les oeufs éclosent, c'est par centaines et par milliers. C'est très ennuyeux car les puces transmettent des maladies infectieuses. Chez le lapin par exemple, la puce est l'une des responsables de la myxomatose (voir p. 69).

Pour les combattre, il faut appliquer régulièrement des poudres antipuces et toujours vérifier le pelage du rongeur. L'idéal est le bain insecticide comme pour les poux. Avec le même traitement, on parvient à débarrasser notre ami de ces envahisseuses. Mais cela reste inefficace si l'on n'a pas également traité le chien et le chat de la maison, qui bien souvent, ont été les premiers infestés. Là où il n'y a ni toutou ni minet, le rongeur risque moins d'attraper des puces. Et si les puces ont une préférence pour le lapin nain, il est très rare de voir le hamster choisi par les poux.

Les puces sont très embêtantes car elles transmettent des maladies.

Il a des petits points orange collés aux poils

Même avec une loupe, on ne voit pas cela très souvent. À moins que l'on habite dans une ferme, près d'un poulailler. Alors il faut être attentif, surtout en été. C'est la période où les aoûtats s'attaquent aux hommes comme aux animaux. Ces insectes piqueurs se fixent en grappe sur la peau du rongeur et provoquent des démangeaisons insupportables Il faut vite soulager le rongeur en lui administrant une poudre identique au traitement antipuces.

La peau de mon rongeur est toute rouge

Il se gratte tellement que cela finit par irriter sa peau : c'est l'invasion des parasites qui la mettent en feu. À moins que cette irritation ne soit provoquée par une gêne quelconque. Si votre rongeur a des rougeurs sur le ventre, l'anus, les orifices génitaux, c'est peut-être parce que la litière est trop humide. Il faut la renouveler plus souvent et soulager votre petit compagnon en appliquant de la pommade à l'oxyde de zinc et à l'huile de foie de morue.

Il a des boutons avec des croûtes

Ce sont des boutons de gale. Ils indiquent la présence d'acariens microscopiques qui s'enfoncent dans la peau, un peu partout sur le corps de l'animal, ce qui provoque de sérieuses démangeaisons. C'est épouvantable. À tel point que le malheureux rongeur qui ne cesse de se gratter, parfois jusque sur les pattes, n'a plus une seconde pour se reposer. Il ne mange plus et maigrit. Il a la peau qui s'épaissit, les poils qui tombent. Il ne faut pas hésiter à l'emmener le vétérinaire.

Il se gratte mais on ne voit rien

C'est sans doute un eczéma. Au départ, cela peut venir d'une simple allergie comme par exemple une allergie de contact . Peut-être ne supporte- t-il pas la litière ? Est-elle changée assez souvent ? Ou bien peut-être ne tolère-t-il pas certaines matières employées pour le nid ? Ou bien fait-il une allergie au shampooing, au détergent utilisé pour nettoyer sa cage ? Cela peut également être dû au produit antiparasitaire que l'on applique sur sa peau. Attention aux abus ! On a tendance à croire que si on en met une grande quantité, la chasse aux puces sera plus vite gagnée. C'est faux. Mieux vaut un traitement régulier de façon à éliminer les larves et les œufs.

L'eczéma peut également être le résultat d'une allergie d'origine alimentaire. La nourriture convient-elle à votre rongeur ? Est-elle bien équilibrée ? Ne mange-t-il pas trop d'aliments secs comme les croquettes ? Attention ! Le rongeur a besoin de fourrages verts.

Mais parfois le rongeur se gratte, on ne voit rien, et apparemment il ne fait pas d'allergie. Qu'est-ce qu'il peut bien avoir ? Il semble que la nourriture lui convienne. C'est le grand confort dans sa cage. Sa litière est propre. De quoi peut-il manquer ? Sans doute votre rongeur a-t-il besoin de quelque chose de très important : l'affection. Car son grattage peut être d'origine psychologique. En termes clairs, c'est une manifestation de l'ennui. La leçon à tirer, c'est qu'il faut être attentif à son compagnon et s'en occuper davantage.

Il ne se gratte pas mais :

il a une bête marron collée sur la peau

Cela montre qu'il faut bien regarder le poil de son animal, même lorsqu'il ne se gratte pas. Car il peut abriter dans son pelage un parasite très embêtant de couleur grise ou marron qui ressemble un peu à une verrue. C'est une tique. Elle est très rare chez le rongeur, mais il suffit que votre petit compagnon sorte dans le jardin ou bien côtoie un chien parasité pour être touché lui aussi.

La tique s'accroche sur la peau du rongeur et s'alimente de son sang. Il ne faut pas la laisser. Pour l'extraire, vous devrez d'abord l'endormir avec un coton imbibé de vinaigre ou d'éther. Deux minutes plus tard, quand le produit aura fait son effet, vous l'enlèverez à l'aide d'une pince à épiler.

Ne tirez pas sur une tique, il faut d'abord l'endormir.

Il ne se gratte pas mais :

il a des petites taches rondes sur la peau

C'est sans doute la teigne. Cette maladie est due à un champignon microscopique qui fait tomber les poils par petites plaques. On voit alors apparaître des zones de couleur grise grosses comme des pièces de monnaie. On les remarque principalement sur la tête, les oreilles, le nez, les lèvres ou sur les pattes de l'animal .

Cette maladie est contagieuse : l'homme peut l'attraper (voir p. 130). Ce n'est pas grave mais il faut absolument suivre un traitement prescrit par un dermatologue.

Pour le rongeur, il faut aller chez le vétérinaire. Une préparation faite par le pharmacien (1/4 de teinture d'idode ct 3/4 de vaseline), à appliquer pendant trois semaines, serait insuffisante .

Il perd ses poils sans se gratter

S'il s'agit de la mue, qui a lieu en automne et en hiver, c'est tout à fait normal. Il n'y a pas non plus d'inquiétude à avoir lorsque l'on remarque les touffes de poils qui parsèment le nid de la future maman lapine. C'est elle qui, d'instinct, s'arrache les poils du ventre avant la venue des bébés : elle dispose ainsi cette matière soyeuse dans le nid devenu bien douillet de sa progéniture.

En dehors de ces conditions naturelles, ce phénomène

est préoccupant. La chute des poils révèle toujours que quelque chose ne va pas. Cela peut être dû au stress, qui survient par exemple à la suite d'une frayeur.

Mais il y a encore d'autres causes à ce phénomène Si par exemple une femelle cochon d'Inde a des zones pelées sur les flancs, il peut s'agir d'un déséquilibre hormonal provoqué par des kystes des ovaires. Il est urgent de l'emmener chez le vétérinaire, car il n'y a qu'un seul traitement efficace : l'ovariectomie (voir p. 103).

On peut trouver une autre raison à la chute des poils : l'alimentation n'est peut-être pas très bien équilibrée. Si par exemple votre rongeur souffre de carences en vitamines, cela se traduit dans son pelage : les poils tombent. A-t-il suffisamment de foin ? S'il n'est pas rassasié, il ne va pas chercher "midi à quatorze heures" : il remplace cet aliment par son pelage, tout simplement ! Ce phénomène est courant en hiver, où nos rongeurs manquent de verdure . Tout va mieux à la saison des aliments verts. Pour remédier à ce problème, on peut lui donner des légumes en boîtes ou congelés durant l'hiver Enfin, une chute de poils peut provenir de l'ennui . Votre rongeur tourne-t-il en rond dans sa cage à longueur de journée ? Peut-être est-il trop isolé du reste de la famille ? Cela peut se produire aussi quand deux mâles sont ensemble et ne se supportent pas. Dans ce cas, il faut bien vite les séparer.

La perte des poils sur les flancs révèle peut-être des kystes aux ovaires.

Mon rongeur a une boule molle sous la peau

Il s'agit sans doute d'un abcès. Cela a commencé par une petite blessure restée inapercue. L'on n'a pas remarqué qu'une épine, un morceau de bois ou une tige de foin s'est glissée à l'intérieur, ou bien une morsure ou un coup de griffe. La plaie s'est infectée. La présence de bactéries a fini par donner un liquide blanc qu'on appelle le pus. Sans attendre, il faut appliquer des soins pendant cinq jours. Tous les jours, on met une compresse d'eau salée ou de Synthol. Si l'abcès se perce tout seul, il n'y a plus qu'à nettoyer la plaie avec de la Bétadine.

Un abcès n'est pas difficile à soigner lorsqu'il se trouve sur la tête du rongeur et se remarque très vite, d'autant plus qu'il est dur. En revanche, s'il

Une blessure peut entraîner un abcès dans l'abajoue du hamster.

apparaît au niveau des abajoues chez le hamster, l'abcès a peut-être été causé par un épillet ou bien par un aliment resté collé dans la bouche, c'est beaucoup plus gênant. Il faut emmener l'animal chez le vétérinaire.

Si l'on discerne une boule molle sur le ventre du rongeur : c'est une hernie. Rien de grave. Mais il faut voir un vétérinaire. Une petite intervention est nécessaire.

Les oreilles et leurs maladies

Il se gratte l'oreille

C'est qu'il est importuné par un corps étranger ou bien des parasites. Ce sont les redoutables acariens qui transmettent la gale des oreilles. Quel calvaire pour le rongeur ! Il est sans arrêt dérangé par ces démangeaisons. Si l'on regarde à l'intérieur de ses oreilles, on aperçoit des croûtes jaunâtres plus ou moins épaisses.

Il faut très vite soigner votre rongeur car cette maladie est contagieuse, non pas pour l'homme mais pour le chien ou le chat de la maison. De plus, si l'on attend trop, la gale des oreilles peut provoquer une otite.

Délicatement, on introduit un coton tige imbibé d'eau oxygénée à 10 volumes dans le canal auriculaire afin de nettoyer la zone infectée. Ensuite on traite avec une solution antiparasitaire spéciale à base de lindane par exemple. L'effet est radical. Mais ce traitement n'est réellement efficace que si l'on désinfecte également la cage. Pour cela, il faut aussi utiliser un produit insecticide. On l'applique régulièrement une fois que l'on a fait le grand ménage, deux fois par semaine, du haut en bas de la cage. De cette façon, les acariens ne viendront pas se loger dans la litière pour réinfester le malheureux animal.

Mon rongeur a l'oreille qui coule

Il s'agit peut-être d'une gale mal soignée qui s'est transformée en otite qui peut devenir très douloureuse. L'animal marche la tête penchée et peut même avoir des troubles de l'équilibre : il a visiblement du mal à se déplacer. Il faut vite le soulager. On commence par rincer son oreille avec une solution de 2 cuillerées à soupe de bicarbonate diluées

Si le lapin nain a la gale de l'oreille, il faut l'emmener chez le vétérinaire.

dans 1/2 litre d'eau bouillie. Mais cela ne fait pas office de traitement. Le rongeur ne pourra guérir que sous l'effet des antibiotiques. Il faut donc l'emmener chez le vétérinaire.

Mon rongeur secoue la tête

Quelque chose lui fait mal. Il a soit la gale des oreilles soit un corps étranger dans le conduit auditif, un épillet, du foin... Regardez bien. Êtes-vous capable d'extraire l'intrus avec une pince à épiler ? Si tel n'est pas le cas, il faudra aller chez le vétérinaire.

L'œil et ses maladies

Mon rongeur a l'œil qui coule

Il souffre d'un larmoiement intense. C'est sans doute parce qu'il a une blessure à l'œil. Peut-être s'est-il fait mal lui-même, tout maladroit qu'il est avec ses griffes trop longues. Ou bien a-t-il un brin de paille introduit sous la paupière. Cette inflammation est une conjonctivite. La paupière gonfle et le rongeur est terriblement handicapé. Il a la face toute gonflée et semble fuir la lumière comme s'il ne la supportait pas.

Il faut nettoyer l'œil du malade avec de l'Optraex, du Dacryoserum ou les collyres prescrits par le vétérinaire.

L'œil qui coule peut parfois révéler une affection grave telles une lésion ou une maladie infectieuse comme la myxomatose. Cette maladie est transmise par les moustiques et les puces. Elle touche surtout le lapin nain. Des larmes purulentes perlent sur sa face gonflée... il faut d'urgence consulter le vétérinaire.

Mon rongeur a les deux yeux qui coulent

Cela arrive lorsque les yeux sont fortement irrités. Selon qu'ils sont atteints légèrement, moyennement ou intensément, les yeux laissent couler des larmes d'aspect différent : elles sont aqueuses, épaisses ou purulentes. Il faut nettoyer chaque œil avec du Dacryosérum. S'il n'y a pas d'amélioration après ces soins de désinfection, il faut consulter le vétérinaire.

Ce symptôme peut aussi être révélateur d'une maladie respiratoire, la pasteurellose. C'est une affection due à une bactérie qui porte un très joli nom, la pasteurelle, mais commet de gros dégâts chez les jeunes rongeurs, entraînant une pneumonie.

Mon rongeur a les yeux tout rouges
C'est peut-être à cause des poussières. S'il est placé dans un courant d'air, c'est inévitable car il a les yeux très sensibles. Il peut également réagir de cette manière lorsqu'il ne supporte pas les odeurs d'ammoniaque qui s'échappent de sa litière sale.

Il faut également nettoyer l'œil avec du Dacryoserum ou de l'Optraex et, tout le temps du traitement, éviter de sortir le rongeur à l'extérieur. Il faut aussi veiller à une bonne hygiène de l'environnement, une litière propre évitant bien des ennuis. Attention à ne pas couvrir les cages avec des chiffons ou lainages lorsque l'on veut mettre son ami dans la pénombre. Mieux vaut éteindre les lumières. Ces "rideaux" ont le défaut d'empêcher les vapeurs ammoniacales de se libérer.

Mon rongeur a une tache blanche sur l'œil
Ce n'est pas un effet d'optique. Voilà que votre rongeur aux yeux noisette a une petite tache blanche sur l'iris. Votre compagnon qui a d'habitude l'œil si vif a perdu tout le brillant de son regard. Il s'agit certainement d'une blessure qui est en train de cicatriser.

La bouche et ses maladies

Mon rongeur bave
Cela peut arriver lorsqu'il est sous traitement car certains médicaments font saliver abondamment. Mais s'il n'a pas absorbé autre chose que sa nourriture, il ne faut pas s'en inquiéter. Ne lui avez-vous rien donné de particulier ? Du caramel qui serait resté collé à l'intérieur de sa bouche ou de ses abajoues ? Vérifiez également impérativement qu'aucun objet dur ou pointu n'est en train de le blesser.

Problème de dents

Quand il bave comme un crapaud, peut-être le rongeur a-t-il un problème de dents ! S'agit-il des incisives ? Chez certains de nos petits animaux, elles sont mal implantées et ne se font pas face. Du coup, elles ne s'usent pas régulièrement, poussent de travers et peuvent blesser les lèvres voire la gencive du malheureux. Il convient dans ce cas d'aller chez le vétérinaire qui limera le bout des dents.

119

Si l'on n'intervient pas, cette tige de foin va empêcher le lapin nain de manger.

Le ventre et ses maladies

Il arrive aussi que tous ces petits ennuis proviennent d'un simple grain resté bloqué dans la gencive ou à l'intérieur des lèvres. Plus vite on repère l'intrus, plus vite on rendra au rongeur sa liberté de manger et sa bonne santé.

Si c'est parfois une mauvaise juxtaposition des dents qui provoque cette salivation abondante (voir encadré), il arrive aussi que le mal ne soit pas visible. Le rongeur a-t-il été victime d'un coup de chaleur ? Ou bien a-t-il ingéré des plantes toxiques ?

Mon rongeur n'a pas d'appétit

C'est le premier signe que l'on remarque quand quelque chose ne va pas. On peut se poser mille questions. Est-il handicapé pour manger ? A-t-il mal aux dents ?

Et sa langue ? Peut-être a-t-il été blessé par une épine, un épillet ? A-t-il un abcès? (voir p. 117)

Et ce n'est pas tout. On peut se demander s'il n'a pas fait une indigestion. Son alimentation est-elle bien équilibrée ? Attention, le cochon d'Inde, d'ordinaire si gourmand, peut ne pas toucher sa nourriture s'il souffre de carences en vitamine C . Il ne faut pas oublier de lui donner des légumes verts et des morceaux de fruits.

Il se peut aussi que le rongeur ait des poils dans l'estomac, ce qui empêcherait son transit intestinal (voir encadré).

Le manque d'appétit est un symptôme très sérieux. C'est toujours le point de départ des grandes maladies.

Son ventre est tout gonflé

Evidemment s'il s'agit d'une maman qui attend ses petits, le gros ventre est signe que tout va bien ! À

Les pelotes de poils

Chez les hamsters au pelage long et les lapins angoras, le manque d'appétit est souvent provoqué par une pelote de poils logée dans l'estomac. Nos petits amis sont abattus, ils maigrissent et ont très soif. Il existe un moyen simple pour éviter ces incidents: deux fois par semaine on enduit leur pelage de miel, ce qui évite la formation de boules quand ils se lèchent.

Le rongeur a tout le temps soif

S'il s'agit d'une maman en train d'allaiter, c'est tout à fait normal. En principe, elle boit quatre fois plus que la normale. Il ne faut pas oublier de remplir son abreuvoir!

En temps normal, le rongeur a un peu plus soif que d'habitude si l'atmosphère est très sèche ou bien encore s'il a trop chaud. Sa nourriture est-elle assez humide? S'il ne mange que du foin et des granulés, il compense le manque d'humidité en s'abreuvant plus que la normale. Il faut veiller à lui donner de la verdure, des légumes, des fruits juteux.

Enfin la soif excessive peut cacher une pathologie grave, intestinale par exemple. Dans ce cas, il faut avoir recours au vétérinaire.

Rien ne va plus pour ce cochon d'Inde qui a mangé de la verdure flétrie. Pourvu qu'il n'ait pas la "maladie du gros ventre" !

part cette situation naturelle, on peut se demander si l'animal n'est pas trop gros, à force de grignoter toute la journée et de réclamer des gourmandises. Mais il peut aussi avoir la peau du ventre bien tendue sans avoir fait d'excès de gourmandise : c'est que son intestin est rempli de gaz. Du coup, il augmente de volume et le ventre paraît gonflé.

C'est ce qu'on appelle le météorisme. Le rongeur, qui respire très vite, voûte alors son dos et s'arqueboute. Ce n'est pas du tout pour faire du cinéma. C'est parce qu'il souffre et tente d'échapper à la douleur.

Pendant vingt-quatre heures, il faut le mettre à la diète, lui donner uniquement du foin et très progressivement ajouter des fourrages verts. Attention ! S'il manifeste d'autres symptômes comme les diarrhées ou le manque d'appétit, il faudra l'emmener chez le vétérinaire. Il peut avoir une infection, une tumeur, souffrir d'une maladie digestive d'origine microbienne, comme l'entérotoxémie.

Mon rongeur est constipé

Mystère : on ne trouve pas d'excréments dans sa cage !

Cette absence indique que le rongeur est constipé. On peut le vérifier en touchant son ventre : on a la possibilité de palper ses crottes dans l'intestin. Autre indice : l'animal devient amorphe, apathique, reste prostré dans son coin. Il ne paraît vraiment pas en forme.

À quoi est-ce dû ? Fait-il assez d'exercice ? Sa nourriture contient-elle suffisamment de verdure et de fruits ?

Pour soigner son rongeur constipé, il faut le mettre à la diète une journée et lui faire avaler pendant deux jours une demi-cuillerée à café d'huile de paraffine. Ou bien, si l'on préfère, lui administrer un demi-suppositoire de Microlax bébé. Enfin, pour atténuer sa douleur et faciliter le transit intestinal, on peut lui masser doucement le ventre.

Mon rongeur a des diarrhées

C'est le contraire de la constipation,ses excréments sont liquides. Cela touche surtout le cochon d'Inde qui perd alors l'appétit ou encore les bébés à l'époque du sevrage, lorsqu'ils passent de l'alimentation lactée à l'alimentation solide.

<u>Un changement :</u> parfois les diarrhées sont dues tout simplement à des événements extérieurs : un changement dans l'environnement par exemple. C'est d'ailleurs la première chose à laquelle il faut songer. La température ambiante a-t-elle été modifiée ? La cage a-t-elle été déplacée ? Dans tous les cas, il faut prendre la température de votre rongeur afin de vérifier s'il n'a pas de fièvre.

Il se peut également qu'il ait avalé quelque chose qui ne lui convenait pas : du foin humide, des fruits trop mûrs, des pommes de terre crues, des herbes flétries. Ou bien peut-être lui avez-vous imposé un nouveau régime ? Tout changement doit être très progressif.

Pour interrompre les diarrhées, il suffit de mettre l'animal au régime "tout foin" pendant trois jours. Cela ne veut pas dire qu'il doit être à jeûn : le rongeur doit continuer à s'alimenter pour que sa flore intestinale se reconstitue.

En aucun cas, il ne faudra lui administrer des antibiotiques sans l'avis du vétérinaire. En imaginant que le médicament ne soit pas adapté, il peut tuer l'animal en une journée...

<u>La salmonellose :</u> il faut avoir le réflexe de se laver les mains soigneusement lorsque l'on vient de s'occuper de son rongeur souffrant de diarrhées car il peut être atteint de salmonellose(une maladie que

l'homme peut contracter lui aussi), et avoir été contaminé en absorbant des aliments souillés ou en mangeant les excréments d'un animal malade. Seul le vétérinaire saura le soulager de ses terribles diarrhées.

Les parasites : une diarrhée peut aussi être d'origine infectieuse, provoquée par des microbes, comme les colibacilles. Les vers eux aussi sont responsables de maux de ventre (voir p.70). Toutes sortes de parasites peuvent infester le tube digestif.

Les vers ronds, comme les oxyures, se logent dans l'intestin. Le soir, ces vers blancs de 1 cm de long, ont l'habitude de pondre au niveau de l'anus, provoquant des démangeaisons.

Il y a aussi les vers plats, comme le taenia, qui peuvent s'installer dans l'organisme du rongeur. Les larves vont entraîner des kystes au foie ou sur la peau de l'animal. C'est très ennuyeux car il n'y a pas de traitement.

Les diarrhées que l'on redoute souvent chez les rongeurs peuvent aussi se manifester à cause de parasites comme les coccidies. Ce sont des microbes appartenant à la famille des Protozoaires qui vivent une bonne partie de leur existence dans le foie ou l'intestin de l'animal. Et lorsqu'elles sont expulsées dans les selles du lapin nain, ce n'est pas du tout la fin pour ces coccidies : elles sont encore en vie quand l'animal réingère ses excréments...

Ces parasites résistent même aux désinfectants, et le malheureux lapin nain atteint de coccidiose a non seulement la diarrhée mais une infection intestinale très grave. Il maigrit et n'a guère de chances de survivre.

Il existe un excellent remède que l'on peut administrer sans peine à son rongeur : une fois par mois, on met un peu de purée d'ail dans son eau de boisson ; ce sera la fin des coccidies.

Le nez, les bronches, les poumons et leurs maladies

Mon rongeur a le nez qui coule
Peut-être a-t-il un corps étranger dans les narines ? Très vite, pour ne pas le faire souffrir davantage, il faut extraire cet objet avec une pince à épiler. Son nez peut aussi couler pour d'autres motifs. Peut-être ne supporte-t-il pas les poussières ? Ou bien est-il placé dans un courant d'air. Enfin il a peut-être été victime d'un coup de chaleur ou bien a-t-il le coryza. Gare !

S'il vit avec une nichée, touts les animaux y auront droit, à moins que certains ne soient vaccinés.

Mon rongeur éternue

Atchoum! Sniff ! Eh oui ! Cela peut être le coryza. Si réellement, cela recommence et se manifeste sous forme d'éternuements répétés, c'est le coryza. Ce gros rhume peut devenir très grave. Il faut donc amener l'animal chez le vétérinaire qui administrera des antibiotiques.

Très souvent dans son existence, votre petit compagnon peut être importuné par le rhume. Il éternue, il renifle et il se frotte bizarement le nez contre le sol : c'est pour éliminer les écoulements nasaux. Les croûtes collées aux narines le gênent. Pour le soulager, il faut lui faire des inhalations. Dans un litre d'eau chaude, on fait infuser des feuilles d'eucalyptus achetées en pharmacie. Puis on installe le rongeur dans une petite boîte où se trouve le bol d'infusion. Il faut bien surveiller la scène par un trou que l'on a fait dans la boîte afin d'éviter qu'il ne plonge dans le bol !

Mon rongeur saigne du nez

Il faut être fin observateur pour s'en apercevoir car on ne voit que des traces, laissées sur les poils du nez et des narines. Mais il faut justement être très attentif car cet incident, à peine visible, peut révéler une maladie, à moins que le rongeur n'ait un corps étranger dans le nez.

Mon animal ronfle

Incroyable mais vrai : le rongeur est capable de ronfler ! Le rat, la souris, le cochon d'Inde détiennent les records. Ils ronflent aussi bien endormis qu'éveillés. C'est vraiment un problème. Le rongeur inspire ? Il ronfle. Il expire ? Il ronfle. Il a sans doute une maladie respiratoire comme une laryngite, qui affecte le larynx ou un coryza, ou encore une pneumonie.

Il est difficile de se débarrasser d'une pneumonie. Il suffit d'un stress, d'un coup de froid, d'une baisse de forme, d'un changement de vie, pour que soudain cette maladie qu'on croyait guérie réapparaisse sous forme aiguë.

Mon rongeur respire très vite
C'est un signe qui ne trompe pas quand il est victime d'un coup de chaleur ou a de la fièvre.

Lorsqu'il vieillit, le rongeur respire vite parce qu'il est victime d'insuffisance cardiaque. Mais il y a d'autres raisons qu'il faut déceler à tout prix. Peut-être est-il stressé ? A-t-il peur de quelque chose ? Est-il allergique au soleil, aux poussières ? Il peut, tout comme l'homme, avoir des difficultés respiratoires et faire, par exemple, une crise d'asthme.

Cela mérite d'être tiré au clair. Il n'y a évidemment que le vétérinaire qui pourra le soigner.

Mon rongeur tousse
Prêtons l'oreille. La toux est-elle faible, assez rare ? Est-elle au contraire forte, grasse ? Entend-on comme un sifflement ? Revient-elle souvent ? S'agit-il d'une toux sèche ? A-t-il l'air de souffrir ? Il faut essayer de décrire cette toux pour faciliter le diagnostic du vétérinaire. C'est lui qui saura faire la différence entre une laryngite, une trachéite, une pneumonie ou, encore plus grave, une pleurésie.

Mais si votre animal tousse une ou deux fois, cela ne veut pas dire automatiquement qu'il a contracté une maladie grave. Ne paniquez pas.

Les reins, la vessie et leurs maladies

Mon rongeur a du mal à uriner
D'habitude, sa litière est très mouillée. Là, on a l'impression de la changer pour presque rien : le rongeur n'urine pratiquement plus. Il fait pourtant des efforts car il s'immobilise longtemps dans un coin mais ne fait que quelques gouttes. Il s'agit d'une inflammation de la vessie. Cela s'appelle une cystite qui peut être due à des microbes ou à des calculs. Il a probablement très mal et cela peut devenir grave car l'urine, qui ne peut plus être évacuée de sa vessie, peut empoisonner le sang. Il faut d'urgence emmener le rongeur chez le vétérinaire.

Ma femelle rongeur perd un liquide blanc par la vulve
Si cela se produit pendant la période des chaleurs, rien de grave. Ce sont "des pertes", tout simplement.

En dehors de ce moment, c'est inquiétant car cela révèle une infection de l'utérus. Il faut présenter l'animal au vétérinaire.

Ma femelle rongeur perd un liquide rouge par la vulve

Cela touche les mamans rongeurs qui attendent des bébés. Il ne faut pas toujours s'inquiéter. Lorsque cela arrive à une date précise, il s'agit d'un avortement naturel. C'est qu'il y a vraiment trop de petits bébés dans le ventre de la mère. Alors la nature commande l'expulsion d'un certain nombre d'embryons. C'est pour cela que l'on voit du sang couler. Le phénomène peut se produire vers le quatorzième jour pour les mères rates et souris, vers le seizième jour chez la maman lapine et le dixième jour chez la femelle hamster.

En revanche, c'est très ennuyeux lorsque cela arrive pendant les deux premiers tiers de la gestation car on risque de ne jamais voir les petits : la perte de sang est le signe d'un avortement.

Ces pertes peuvent aussi indiquer qu'il y a inflammation de l'utérus chez la femelle rongeur. Il faut donc la faire soigner sans tarder pour que le mal ne s'aggrave pas.

La femelle rongeur perd un liquide vert par la vulve

Vite ! Il y a danger ! La femelle gestante est en train d'éliminer ses petits morts-nés et doit avoir du mal à les expulser. Il faut l'emmener d'urgence chez le vétérinaire. C'est lui qui va extraire les petits et sauver la mère qui, sans son intervention, peut mourir d'une infection.

Les mamelles et leurs maladies

Mon rongeur a une boule à la mamelle

C'est gros comme un petit pois et curieusement cela arrive aussi chez le mâle. Cette petite boule peut augmenter encore de volume. Il s'agit d'une tumeur mais elle ne présente pas le même caractère inquiétant que chez un chat ou un chien. Les rongeurs ont cette chance : chez eux, la plupart des tumeurs sont bénignes.

Mon rongeur a la mamelle chaude et gonflée

C'est parce qu'il y a du lait dedans. Comme les bébés les mordront en tétant, c'est le moment de vérifier qu'il n'y a pas de petites plaies, car c'est la porte ouverte aux microbes qui vont proliférer. Il faut donc désinfecter chaque jour les mamelles avec de l'Hexomédine.

Il arrive que maman rongeur ait la mamelle encore gonflée et dure après le sevrage, alors qu'il n'y a plus besoin d'allaiter les petits. C'est sans doute douloureux et il faudra la soulager en appliquant pendant quelques instants des compresses de camphre sur ses mamelles.

Les os, les muscles et leurs maladies

Mon rongeur boite

Regardez-le bien. S'il a des difficultés à marcher, c'est peut-être parce qu'il est blessé. Dans quel état sont ses coussinets plantaires ? Inspectez le dessous de chaque patte. Est-ce qu'il n'a pas une écharde plantée entre les doigts et les coussinets ? Dans ce cas il faut l'extraire avec une pince à épiler et nettoyer soigneusement la blessure avec du Mercryl Laurylé.

Il peut aussi avoir d'autres raisons de souffrir. Ses griffes sont-elles si longues qu'elles l'empêchent de poser le pied ? Il faut désinfecter la plaie et s'astreindre à couper très régulièrement les griffes avec une pince coupe-ongles.

Évidemment le sol de la cage sur lequel le rongeur pose les pieds doit être très propre.

Mon rongeur gémit en boitant

On ne voit rien, ni blessure ni infection, et pourtant le rongeur souffre. Il doit avoir très mal aux pattes. C'est une pododermite. Cela touche particulièrement le cochon d'Inde. Dès qu'il a tendance à être un peu lourd, ses pieds ne supportent plus très bien le poids de son corps. Cela finit par l'irriter. Il a des croûtes, des ulcères qui cicatrisent mal. L'infection gagne les articulations. Il ne peut plus marcher correctement. Il souffre de nécrose.

Chez le lapin nain, on peut soupçonner encore plus grave. Ses os longs sont si fragiles qu'il a pu se faire une fracture.

Enfin, il existe aussi un phénomène très naturel. Lorsque le rongeur est âgé, il peut, comme les êtres humains, être atteint d'arthrose et se mettre à boiter.

Mon rongeur ne peut plus se déplacer

On ne peut le laisser dans cet état. Peut-être a-t-il des fractures des membres, du bassin, de la colonne vertébrale. N'est-il pas tombé d'une table ou d'une chaise ? Le rongeur supporte très mal les chutes car ses os sont extrêmement fragiles, surtout le lapin nain. Il faut alors le soulever très délicatement, le coucher sur quelque chose de dur et l'emmener chez le vétérinaire.

Mon rongeur penche la tête sur le côté

C'est un torticolis. Cela indique que son oreille, son centre d'équilibre, est atteinte. Peut-être y a-t-il à l'intérieur un corps étranger comme un épillet ou un morceau de bois.

Ou bien est-ce la gale ? Dans un cas comme dans l'autre, on pourra vite soulager l'animal(voir p. 129).

Mais cela peut être plus grave : votre rongeur est peut-être victime d'une encéphalite ou d'un abcès qui progresse vers l'oreille interne.

Enfin il existe un motif bien différent : ce torticolis est peut-être dû à une intoxication par les plantes (voir p.75).

Les maladies du système nerveux

Mon rongeur est pris de tremblements

Votre rongeur tremble de tout son corps. Ce n'est pas qu'il a froid, c'est qu'il est nerveux ! A-t-il été exposé au soleil ? L'origine pourrait être le coup de chaleur car les animaux font très souvent après coup des réactions nerveuses.

Mon rongeur ne peut plus se mouvoir

Il est peut- être tombé sur sa colonne vertébrale. Il risque d'être paralysé, à moins que le phénomène ne soit nerveux ! Il affecte en effet parfois les futures mamans rongeurs. Avant la mise bas, les membres postérieurs se bloquent et cette sorte de paralysie gagne la tête. Si cela arrive, emmenez votre animal d'urgence chez le vétérinaire. Transportez-le très délicatement.

Le rongeur âgé

Il y a un moment où le rongeur n'est plus comme avant. Il n'a plus son dynamisme et ses "quarts d'heure de folie" sont de plus en plus rares. Comme tout le monde, votre rongeur vieillit.

Tout cela n'enlève rien à son charme et n'affecte pas l'amitié que vous avez pour lui. Mais il faut s'efforcer de lui donner une vieillesse heureuse.

- Il faut réduire son alimentation, mais elle doit toujours être aussi variée et équilibrée.

- Il faut le garder dans une température légère-

ment plus élevée car le grand âge l'a rendu frileux.
- Enfin il faut être attentif à son comportement.
Un changement brutal révèle parfois une maladie.
Est-ce qu'il boit avec excès ? Est-ce qu'il urine normalement ? Est-ce qu'il mange normalement ? Est-ce qu'il n'est pas en train de maigrir subitement ?
Est-ce qu'il vous voit bien ? Est-ce qu'il respire correctement ? Et quand il se lève, est-ce qu'il a l'air de marcher comme s'il avait des freins ? Vous devez apprendre à vivre avec votre animal âgé en anticipant sur les gênes qui peuvent le menacer.

Les maladies transmissibles à l'homme

Votre rongeur n'est pas bien et voilà que vous même devenez malade. C'est parce que votre ami est atteint d'une zoonose, c'est-à-dire une maladie transmissible à l'homme. On pourrait dire que c'est un échange de bons procédés. Car vous aussi vous pouvez lui donner votre maladie !

La première précaution à prendre pour éviter cela est de toujours vous laver les mains à l'eau et au savon lorsque vous vous occupez de votre compagnon. À la moindre griffure ou morsure, désinfectez la plaie au Mercryl Laurylé. Mais il arrive que malgré votre souci d'hygiène, votre peau devienne rouge, se couvre de boutons, et que, par-dessus le marché, vous soyez pris de quintes de toux, et même de crise d'asthme. C'est une allergie. Peut-être ne supportez-vous pas les poils de votre rongeur.

D' autres affections peuvent être évitées :

- Les maladies parasitaires
La gale : elle est transmise par les acariens, des petites bêtes qui grattent et provoquent l'apparition de boutons. Cela démange surtout au niveau des coudes, des aisselles, du bas du ventre ainsi qu'entre les doigts. Contrairement à ce qui se passe chez le rongeur, les acariens ne vont pas se développer sous la peau dans tout le corps mais plutôt au niveau des mains et des pieds, juste entre les doigts et au niveau des coudes et des aisselles. Cela forme des boutons et provoque de vives démangeaison. Le parasite résiste longtemps : plusieurs mois dans les couvertures. De plus, la gale n'épargne personne. Après vous, toute la famille risque d'y avoir droit...
Il faut traiter cette maladie avec un produit acaricide

Risque :
  + rarissime
  ++ possible
  +++ fréquent

Gravité :
  + faible
  ++ non négligeable
  +++ importante

prescrit par le médecin et soigner son rongeur. Sans oublier la cage et tous les accessoires en contact avec le petit animal.
  Risque +++ Gravité +

La teigne : on observe l'apparition d'une plaque rouge au niveau des bras ou des avant-bras. Il faut traiter cette maladie pendant un temps suffisant car le champignon responsable de cette mycose est extrêmement résistant. Il arrive que, chez les enfants, la teigne s'attaque au cuir chevelu.
  Risque +++, gravité +

La teigne.

La maladie de Lyme : cette maladie se transmet par les morsures de tiques. Elle est plus fréquente dans les régions méditerranéennes. Chez l'homme, elle se traduit par des irritations de la peau, parfois des troubles des articulations. En attendant qu'un vaccin soit disponible, on subit un traitement antibiotique parfaitement efficace.
  Risque ++ Gravité +++

Les maladies bactériennes

La pasteurellose : c'est une maladie qui est surtout véhiculée par une bactérie qui se trouve dans la salive du chat et du chien. Mais le rongeur n'est pas tout blanc dans cette affaire. À la suite d'une morsure, la plaie peut s'infecter, gonfler et devenir douloureuse. Le médecin prescrira des antibiotiques.

La réovirose 3 : l'homme peut être infecté par les aliments souillés d'urine, par manipulation des aliments, des débris placentaires, ou des excréments.
  Risque + Gravité +

La leptospirose : l'homme peut attraper cette maladie, mais c'est vraiment une malchance. Il faudrait par

exemple qu'il se baigne dans une mare où un rongeur malade a uriné. La morale de l'histoire est qu'il
faut éviter de se tremper dans la baignoire avec son
petit rongeur.
    Risque + Gravité +++

La maladie des griffes du chat : si étonnant que cela
puisse paraître, cette maladie transmise par le chat
l'est aussi par le rat ! Rien de grave. Cela donne des
ganglions pendant quelques jours, puis tout rede-
vient normal.
    Risque+ Gravité+

LES URGENCES

Et voilà ! Votre rongeur a fait une bêtise ! Il a avalé un poison, est tombé d'une étagère, s'est peut-être fracturé un membre car il ne peut plus bouger.

Pas de panique ! Il faut garder son calme et agir vite. Les tout premiers soins sont très importants.

Saisir un rongeur blessé

Cela n'est pas facile. Lui qui est d'habitude si gentil cherche à vous attaquer. On ne l'avait jamais vu comme ça. On dirait qu'il veut vous mordre la main. Mais il ne faut pas se laisser impressionner. C'est parce qu'il se venge de son mal. C'est la souffrance qui le rend si nerveux. Il s'affole et cela n'arrange pas les choses. Le temps est compté.

Il existe un moyen très simple pour mettre votre rongeur en sécurité : le recouvrir d'un linge. Cela le tranquillise, il a l'impression d'être dans sa cachette ou en pleine nuit .

Avec ce linge sur le dos, le hamster blessé est un peu rassuré.

Mais il se peut qu'il n'ait pas la moindre agressivité et se laisse faire. Alors, il n'y a plus qu'à le prendre par la peau du cou, tout en tenant de l'autre main son postérieur. Puis on le dépose tout doucement dans son panier de transport ou dans une caisse .

Transporter un rongeur blessé

Si son état est jugé grave au point de le transporter sur une "civière", il ne faut surtout pas l'embarquer sans l'attacher car il risquerait de tomber. On passe donc une lanière ou une ficelle en avant de ses cuisses, une autre sur les flancs, et une troisième en arrière de ses épaules. De cette façon, il ne pourra pas glisser. Mais le petit rongeur ne sera prêt à partir que lorsque vous l'aurez recouvert d'un tissu. Il ne doit pas prendre froid le long du chemin.

Qu'il soit dans son panier ou, si l'on préfère, sur une "civière", le petit rongeur doit à tout moment être rassuré. Même s'il est bien à l'abri dans sa boîte, il faut lui parler d'une voix douce et surtout ne pas avoir de gestes brusques. Pas de secousses le long du trajet, pas de bousculade, pas de remue-ménage !

Le secourir après l'attaque

Le chien du voisin s'est attaqué à votre rongeur. Du coup, le malheureux est anéanti sur le carrelage. Peut-être a-t-il perdu le souffle. Comment savoir s'il respire encore ?

Cela se voit sur les côtes et les flancs : ils se gonflent quand le petit animal inspire, s'abaissent quand il expire. Mais cela ne saute pas toujours aux yeux. Lorsqu'il s'agit par exemple d'un cobaye shelty ou encore d'un lapin angora, les poils sont si longs qu'ils cachent les mouvements respiratoires. Le mieux est donc de se placer tout près du museau du petit rongeur et là, on sent son souffle.

Si vraiment on ne sent rien, ce n'est pas pour autant désespérant. Il faut vérifier si le cœur bat. En mettant les mains de chaque côté du thorax, on perçoit le cœur qui bat au bout de nos doigts. Ce sont

Le bouche à nez

Le rongeur est étendu sur le flanc. Il a la bouche fermée. Alors, comme si vous deviez gonfler un ballon, prenez votre souffle et insufflez l'air dans les narines de votre petit ami. Comptez lentement jusqu'à quatre. La poitrine du rongeur se gonfle tout doucement. Mais ce n'est pas le moment de vous arrêter. Recommencez ainsi une douzaine de fois jusqu'à ce que votre petit protégé respire tout seul. Lorsque vous aurez réussi l'opération de sauvetage, il n'y aura plus qu'à l'emmener chez le vétérinaire.

Parfois, cet exercice de secourisme se prolonge. Si l'animal n'a toujours pas repris sa respiration, il ne faut pas abandonner. Allez, encore un effort ! On continue.

Le massage cardiaque

Il faut commencer par allonger le malheureux blessé sur le côté. On glisse les quatre doigts de la main sous son thorax et le pouce au-dessus. On compte "un deux", le temps d'appuyer, "un" le temps de relâcher. En une minute, on devra compter 30 fois sans cesser d'appuyer et de relâcher.

Après, on passe à la respiration artificielle. On fait le bouche à nez 20 fois. Regardez-le : est-ce qu'il respire ? Est-ce que son cœur bat ?

Si on sent les pulsations cardiaques, on arrête le massage du cœur mais on n'abandonne pas la respiration artificielle. Au bout de quelques minutes, on est sauvé : le petit animal respire tout seul. Mais rien n'est gagné. Il faut très vite le transporter chez le vétérinaire.

les pulsations cardiaques . Nous voici rassurés mais il faut encore que le petit rongeur reprenne son souffle. Pour cela, on pratique la respiration artificielle en faisant le bouche à nez (voir encadré p. 134).

Mais peut-être son cœur ne bat-il plus ? Cela ne veut pas dire qu'il n'a plus aucune chance de s'en sortir. On a encore moyen de le sauver. Pour cela, on a recours à la réanimation cardiaque et respiratoire (voir encadré ci-dessus).

Il saigne

Lorsque le sang s'écoule d'une blessure, il y a une hémorragie. Ce peut être l'artère qui est touchée. Dans ce cas le sang s'échappe par jets. Ou bien est-ce la veine ? Le sang coule régulièrement et c'est beaucoup moins grave.

Comment faire pour arrêter cette hémorragie ?

On commence par couper les poils autour de la plaie. Sur la blessure, on applique une compresse d'eau oxygénée et on la garde ainsi pendant une bonne minute en appuyant dessus. Si le saignement persiste, on empile 4 ou 5 compresses. Puis on fait un pansement (voir p. 111).

Il faudra utiliser autant de compresses si c'est l'artère qui est touchée. Avec plusieurs tours de sparadrap, on réussira à maintenir en place ce pansement épais.

Le garrot

Pour faire un garrot, il faut une baguette de bois et une bande de tissu. Un élastique assez large ou un ruban de 0,5 cm de largeur sur 10 cm de longueur fera l'affaire. On pose cette bande à 1 cm au-dessus de la plaie en faisant 2 ou 3 tours. On met la baguette sur le tissu et l'on fait un noeud afin de l'empêcher de glisser. On tourne légèrement la baguette de manière à serrer le garrot.

Lorsque le sang a cessé de couler, on n'a plus qu'à fixer la baguette avec du sparadrap. On est prêt pour aller chez le vétérinaire. Mais si le trajet est long, il faut penser à desserrer le garrot une fois tous les quarts d'heure pendant une minute.

On ne peut pas demander au lapin de garder son garrot trop longtemps... Juste le temps d'aller chez le vétérinaire.

Mais il y a des endroits qui nécessitent un pansement particulier : sur la patte ou la queue, il faudra faire un garrot.

S'il a fait une chute

Si l'animal tombe d'une table, dites-vous bien que cela représente une hauteur considérable ! Imaginez un homme faisant une chute de 35 fois sa taille

Si, par chance, un coussin ou un fauteuil amortit la chute, l'animal a des chances de s'en tirer. Mais il peut-être en état de choc. Parfois il ne peut plus se relever ou bien il saigne. Alors il n'y a vraiment qu'une chose à faire : l'emmener très vite chez le vétérinaire.

Il s'est brûlé

Cela peut arriver lorsque le petit diablotin a la malencontreuse idée de grimper sur la cuisinière alors que les plaques sont encore chaudes. Aïe ! C'est douloureux pour les pattes. Comment le soulager ? D'abord on nettoie la plaie avec une cuillerée à café de Cetavlon diluée dans un demi-litre d'eau. Puis on applique de la Biogaze. Par-dessus, on met des compresses puis une bande Velpeau. Le tout est fixé avec du sparadrap. Bien sûr, si votre "enfant terrible" s'est brûlé à la tête ou sur le ventre, il faut le signaler au vétérinaire qui vous donnera son avis.

Il s'est intoxiqué

Comment a-t-il pu fourrer son nez dans le placard à balais ? Se faufiler dans l'abri de jardinage ? Résultat : notre intrépide a léché le produit anti-cafards et a déchiqueté la boîte de tue-limaces. Non, il ne faut pas essayer de le faire vomir. Il faut téléphoner au Centre anti-poisons (voir le carnet d'adresses) en indiquant exactement ce que l'imprudent a avalé.

Piqué par un insecte

Cela arrive dans le jardin ou sur le balcon : une guêpe qui s'affole et s'excite devant le hamster qui fait la roue et voilà ! Elle pique le pauvre innocent. Immédiatement cela se met à gonfler. On repère facilement la blessure et l'on retire l'aiguillon sans tarder. Pour cela, on prend une pince à épiler ou d'une aiguille que l'on a nettoyées à l'alcool à 90°. Lorsque l'on a extrait le dard, on applique sur la piqûre une compresse imbibée de vinaigre. Cela a pour effet de faire dégonfler la plaie. Mieux vaut ensuite se rendre chez le vétérinaire qui injectera au petit blessé une substance antiallergique.

Le rongeur fourre son museau partout et ne se méfie pas des produits toxiques sur les étagères.

En état de choc

Si l'infortuné rongeur a fait un vol plané, ou bien encore s'il a été victime d'une bagarre avec un chat ou un chien ou même l'un de ses copains, il peut se trouver en état de choc. Ses gencives sont pâles, le bout de ses pattes est tout froid. Son cœur bat à une vitesse incroyable. N'hésitez pas . Emmenez d'urgence votre rongeur chez le vétérinaire .

Mordu par une vipère

Eh oui ! Se mettre au vert en été ne va pas sans risques pour le cochon d'Inde et le lapin nain. Sur la pelouse, malgré le grillage qui entoure leur "maison de vacances", il se peut qu'une vipère en balade rampe en leur direction. Forcément ils ne se méfient pas et restent en plein passage. Et tac! la vipère attaque et mord. Son venin peut empoisonner nos petits amis.

Lorsque l'on a repéré la morsure aux deux points rouges légèrement gonflés, situés tout près l'un de l'autre, on désinfecte la plaie avec du Mercyl Laurylé. On peut s'efforcer de poser un garrot (voir p. 136) au-dessus de la blessure et prendre toutes les précautions nécessaires pour sauver son animal. Hélas ! Il faut savoir que dans 98 % des cas, on n'a aucune chance de sauver son rongeur. La morsure de vipère est fatale pour nos petits amis.

La vipère est une grande ennemie pour nos petits rongeurs.

EN VACANCES

Lui aussi a le droit de changer d'air. Pourquoi ne pas l'emmener avec soi ? Il est tellement "passe-partout" avec sa petite taille ! Bien sûr avant le grand départ, il ne faut rien oublier : son carnet de vaccination, son certificat de tatouage, ses médicaments s'il est sous traitement, ses granulés, ses jouets, la trousse à pharmacie, de l'eau... tout cela doit être fourré dans la valise ou le coffre de la voiture. Dernier point : n'oubliez pas sa maison. On y est ? Alors, c'est parti !

En voyage

Il a quitté son coin-cuisine et c'est toute une aventure qui commence pour le rongeur. Pas vraiment rassuré. Ce serait maladroit de le garder dans les bras : le petit timide supporterait mal toute cette agitation autour de lui. Et puis ce serait imprudent. Il peut vous échapper, prendre la fuite dans une gare, se faufiler dans les couloirs du métro... ce serait sa perte. En voiture, il est dangereux de le garder aux bras car s'il s'échappe et se glisse sous les pédales, cela risque de provoquer un accident de la circulation.

Pour toutes ces raisons, il faut le faire voyager dans son sac de transport. Plongé dans l'obscurité, le rongeur s'y sentira en sécurité, comme dans un cocon. Il faut aussi penser à ses besoins. Même si le voyage ne dure pas longtemps, il faut prendre soin de tapisser le fond de la cage - ou du sac -, d'un plastiq recouvert d'une couche de litière.

138

En voiture : installé sur la banquette, à l'intérieur de sa cage ou dans son sac de voyage, il est parfaitement tranquille. Ça roule pour lui. Et pour qu'il ne manque de rien, offrez lui une petite friandise : une carotte pour le lapin nain, une tranche de pomme pour le cochon d'Inde, un morceau de fromage pour le rat ou la souris, des céréales pour le hamster. Voici votre ami paré pour la route.

Mais faites attention aux conditions atmosphériques : les coups de chaleur pourraient lui gâcher ses vacances, et les vôtres par-dessus le marché. L'idéal est de rouler de nuit quand la température est fraîche. Ainsi, on est sûr que le petit rongeur supportera bien le voyage. Enfin, dans la journée, prenez garde lorsque vous garez la voiture. Elle ne reste pas longtemps à l'ombre et votre petit animal a vite fait de se retrouver en plein soleil. Attention cependant aux courants d'air dans la voiture.

En train : dans son sac de transport, il a la paix. Bien calé sur vos genoux, il n'a rien à craindre. Inutile d'ouvrir le sac sous prétexte qu'il lui faut de l'air. Les trous d'aération prévus par les fabricants sont suffisants. Et puis vous vous exposeriez aux pires ennuis : il bondirait comme un diable à ressorts et disparaîtrait sous les banquettes.

En bateau : c'est la même chose qu'en train. Il faut le garder tout près de vous, protégé dans son sac de

Gare aux coups de chaleur !

Avec les courants d'air, c'est ce que craint le plus le petit rongeur lors d'un voyage. Soyez vigilant lorsque vous quittez la voiture. Elle peut être à l'ombre à ce moment-là, et puis une demi-heure plus tard vous retrouvez une véritable fournaise.

Pour le rongeur, c'est l'enfer. Il tremble, devient nerveux. S'il perd connaissance, il faut vite lui appliquer des linges imprégnés d'eau fraîche ou bien carrément des glaçons sur la tête. Patience ! Le temps qu'il refasse surface peut durer entre 5 et 10 minutes. Lorsqu'il est revenu à lui, donnez-lui de l'eau à boire.

Il ne reprend pas connaissance ? Alors emmenez-le tout de suite chez le vétérinaire.

À l'étranger

Avant de partir aux quatre coins du monde avec son compagnon, il faut se munir du certificat de santé délivré par le vétérinaire. Ce document est obligatoire, mais ne résoudra pas tous les problèmes. Avant toute chose, il faut se renseigner auprès du Consulat ou de l'Ambassade du pays dans lequel on se rend. Cela évite bien des amertumes à l'arrivée. Imaginez que l'on vous apprenne sur place que votre rongeur n'est pas accepté. Quelle déception ! Pour des raisons sanitaires, on pourrait vous imposer une longue séparation. En Grande-Bretagne par exemple, ou aux États-Unis, la mise en quarantaine n'est pas de 40 jours, ce qui est déjà très long, mais de plusieurs mois.
Réfléchissez bien avant d'embarquer votre ami. Les pays qui vous apparaissent comme des endroits de rêve peuvent être un vrai calvaire pour votre rongeur. Et que ferez-vous s'il ne supporte pas le climat, la chaleur ? Cela peut être un sérieux problème. Alors, quelle solution ?

transport. Par souci de prévoyance, signalez la présence de votre petit ami à la compagnie maritime. Au bureau des embarcations, on vous indiquera si oui ou non votre compagnon est admis à l'étranger.

En avion : votre animal est si petit qu'on ne le mettra pas dans la soute, rassurez-vous. Son sac de transport est considéré comme bagage à main. C'est donc un gros avantage qui vous évitera bien des soucis. Mais, comme pour le bateau, indiquez sa présence avant de prendre votre billet. Si vous voyagez hors frontières, votre petit animal n'est pas forcément le bienvenu à l'étranger. Il faut que vous en ayez le cœur net.

Il reste à la maison

Vous avez beau imaginer tous les cas de figures, décidément vous ne pouvez pas emmener votre petit rongeur. Impossible de visiter le Louvre avec sa souris dans la poche et ce n'est pas de tout repos non plus que de faire du camping avec son hamster ou son cochon d'Inde ! Il faut toujours avoir l'œil sur eux. Et le lapin nain dans un hôtel, est-ce bien raisonnable ? D'abord il ne sera pas admis dans tous les établissements . Il faut vous renseigner auparavant. Et puis, il suffit que l'on ouvre la porte de votre chambre, à l'heure du ménage par exemple, pour que le petit aventurier prenne la clé des champs ! C'est sûr qu'il ne se fera pas prier. Il est donc impératif que votre rongeur, à l'hôtel, ne sorte pas de sa cage.

Réflexion faite, il y a des circonstances dans lesquelles il vaut mieux le confier en pension chez un " fan " de rongeurs (voir le carnet d'adresses), ou chez un ami qui acceptera de le prendre chez lui. Mieux encore, demandez à une personne de confiance de venir le soigner à la maison. Le petit rongeur pris en charge par quelqu'un de sérieux sera sûrement plus à l'aise dans ses murs que dans une maison qu'il ne connaît pas .

Pour que tout se passe bien, notez son régime alimentaire, ses règles d'hygiène, ses petites habitudes et laissez les coordonnées de votre vétérinaire à la personne qui va prendre soin de votre animal.

Bien arrivé

La route est finie : il est temps de libérer votre voyageur. Votre ami est fatigué, peut-être est-il un peu stressé. Il va falloir qu'il se détende. Pas question pour l'instant de le mettre en liberté. Il ne connaît pas les lieux et irait se cacher dans n'importe quel recoin. Sortez-le tout simplement de son sac de transport et mettez-le dans sa "maisonnette" afin qu'il retrouve son chez soi. Dans son petit monde bien à lui, il va pouvoir se dégourdir les pattes et s'en donner à cœur joie. Peu à peu, il s'habitue à son nouvel environnement. Puis, au bout de deux jours, laissez-le dans la pièce où vous vous trouvez. Il va recommencer à grimper sur le canapé, mordiller les espadrilles, et reprendre son rythme habituel. Tout va bien.

Si le temps est au beau fixe, vous pouvez le sortir dans le jardin. Le principal est qu'il ait un grillage autour de sa maison. Et s'il y a des chats et des chiens non loin de là, protégez aussi le dessus de son habitacle en le recouvrant de grillage. Cela évitera aux curieux à quatre pattes de venir le "regarder sous le nez" comme une bête curieuse, ou de l'attaquer .

Soyez aussi très prudent : l'herbe sur laquelle il se trouve a-t-elle été traitée avec des engrais, des pesticides ? Dans ce cas, inutile de lui faire prendre un bain de nature ! Il peut faire une allergie à ces produits.

Au retour

Vous revoilà. Votre rongeur est tout beau, le poil brillant. Fini les odeurs d'herbe fraîche. Il va falloir qu'il se réhabitue à son coin cuisine. Très vite, il va retrouver son train-train quotidien. Observez-le bien. A-t-il toujours bon appétit ? Son pelage est-il sain ? Choisissez ce moment pour lui appliquer de la poudre anti-puces et le vermifuger. Il a une forme éblouissante, autant qu'il la garde !

Gare à l'escapade !

Le jardin, c'est tentant quand on est prisonnier une grande partie de la journée dans une petite maison. Une porte ouverte et hop, vive la liberté, notre rongeur prend la poudre d'escampette ! Quel souci... ! Il a très bien pu se glisser sous le grillage, passer chez les voisins. A-t-on encore des chances de le retrouver ? Autant dire que cela sera plus facile s'il est tatoué (voir p. 34). Peut-être, grâce à sa pastille de couleur dans l'oreille, le cochon d'Inde se fera-t-il remarquer tout comme le lapin nain avec ses inscriptions dans les deux oreilles ? Quant à nos amis hamsters, rats et souris, qui ne sont pas tatoués, il faut espérer qu'ils retrouveront leur chemin. Hélas, cela tient en principe du miracle.

Carnet de santé

Adresses utiles

Index

dates	événements

dates	événements

CARNET D'ADRESSES

Urgences vétérinaires
SOS vétérinaires Paris et proche banlieue : (1) 48 32 93 30 ou (1) 48 71 20 61
Banlieue : (1) 46 02 45 07
Val d'Oise : (1) 34 15 33 22
Lyon : (16) 78 54 00 58
Marseille : (16) 91 54 00 58
Lille : (16) 20 51 93 16
Strasbourg : (16) 88 32 69 14
Vétérinaires à domicile (Paris): (1) 45 75 04 14 ou (1) 42 07 70 63 ou (1) 42 65 00 91

Centre antipoison
Centre antipoison Fernand Widal de Paris : (1) 42 05 63 29
Centre national d'informations toxicologiques vétérinaires de Lyon : (16) 78 87 10 40

Ambulances animalières
Aura Paris : (1) 43 77 04 61
Service mobile de secours animaliers : (1) 47 84 33 44
SOS Dog Marseille : (16) 91 64 61 66
SOS Animaux Bordeaux : (16) 56 04 16 19 ou 56 96 01 47

Dispensaires de soins aux animaux
8, rue Maitre-Albert, 75005 Paris (1) 46 33 94 37
90, rue Jean-Pierre Timbaud, 75011 Paris (1) 43 55 76 57
Benoit Cavalier, 66 rue Paul Foliot, 76140 Le Petit Quévilly, (16) 35 63 20 27
Rue Nicolas Leblanc 62800 Liévin, (16) 21 45 25 55
Rue des Aubivats, 80260 Poulainville, (16) 22 52 16 30
7, quai général Sarrail, 69006 Lyon, (16) 78 52 61 17
17 bis, avenue Maurice Jean-Pierre 06110 Le Cannet Rocheville, (16) 93 69 92 95
101, place des Géants, 38000 Grenoble, (16) 76 09 43 67
38 bis, rue du Poirier Rond, 45000 Orléans, (16) 38 83 07 31
1 rue Raspail, 66000 Perpignan, (16) 68 50 91 60

Ecoles vétérinaires
Paris : 7, avenue du Général de Gaulle, 94704 Maisons Alfort, (1) 43 96 71 00
Lyon : route de Saint Bel, 69 260 Marcy l'Etoile, (16) 78 87 00 84
Nantes : route de Gachet, BP 527 44026 Nantes, (16) 40 30 08 40
Toulouse : chemin des Capelles, 31076 Toulouse, (16) 61 49 11 40

Protection des animaux
SPA : 39 boulevard Berthier 75017 Paris, (1) 43 80 40 66
Assistance aux animaux : 23 avenue de la République, 75011 Paris, (1) 43 55 76 57
Association pour la défense des animaux de compagnie : 3 rue de l'Arrivée, BP 107, 75749 Paris cedex, (1) 45 38 70 06
Confédération nationale des SPA : 17 place Bellecour 69002 Lyon, (16) 78 37 83 21
Fondation Brigitte Bardot : 4 rue Franklin, 75016 Paris, (1) 45 25 24 21
Ligue française contre la vivisection : 84 rue Blanche, 75009 Paris, (1) 45 26 37 57
Conseil national de la protection animale : 10 place Léon Blum, 75001 Paris, (1) 43 79 11 52

Associations, clubs
Fédération française de cuniculi-culture : 15 rue Thorcy Bussy St Georges, 77400 Lagny, (16) 64 30 11 22
Société centrale d'aviculture : 34 rue de Lille, 75007 Paris, (1) 42 61 13 71
Club des amateurs de lapins nains et de cobayes : 23, rue du Moutier, Ennery, 95300 Pontoise.
Association française d'information et de recherche sur l'animal de compagnie (AFIRAC) : 7, rue du Pasteur Wagner, 75011 Paris, (1) 48 06 03 00
Gedac, groupe d'études sur les nouveaux animaux de compa ■

gnie : 10 place Léon Blum, 75011 Paris
Club des amis des hamsters : 4, rue Henri Cheneaux, 13008 Marseille

Tatouage
Fédération française de cuniculi-culture, Commission d'identifica-tion : 6, rue Joliot Curie, 58 640 Vauzelles, (16) 86 57 73 13

Minitel
3615 code SPA
3615 Lezoo - 3615 Friskies

En cas de perte
FFC (Fédération française de cuni-culiculture) : (16) 64 30 11 22
ALNCF (Club des amateurs de lapins nains et des cobayes de France) : (1) 30 73 04 83
Help animaux : 26 rue du Bouloi, 75001 Paris, (1) 45 08 07 74
Service recherche SPA : (1) 47 98 57 40

Pensions
Club des amateurs de lapins nains et de cobayes de France : 23, rue du Moutier, Ennery, 95300 Pontoise

Revues animalières
Animaux magazine : 39, boule-vard Berthier, 75017 Paris, (1) 43 80 40 66
Mon coeur pour les animaux : BP 205 78003 Versailles, (1) 39 49 95 09
30 millions d'amis : 78 rue Jules Guesde, 92300 Levallois-Perret, (1) 40 87 41 88

Services d'incinération
Lyon : (16) 78 98 05 52
Paris et région parisienne : SIAF, 3, rue du Port, 94130 Nogent sur Marne, (1) 48 76 68 18
Vendée : (16) 52 94 92 32

Où se procurer un pin's?
Au Club des amateurs de lapins nains et de cobayes de France

INDEX

Chez le même éditeur

COLLECTION
LA VIE SECRÈTE DES BÊTES

16 titres parus

Sources iconographiques

Page 13 : Jacana/D. Cauchoix. 35 : Jacana/M. Luquet. 37 : Sunset/G. Lacz. 63 : Cogis/Lanceau
85 : Pitch/C. Billes. 105 : Cogis/Lepage. 131 : Diaf/J.-C. Gérard. 139 : Cogis/Lanceau. 145 : P. Paraire.
149 : P. Paraire. 153 : Jacana/M. Claye.
Couverture : Recto et verso, Cogis/Labat.

Achevé d'imprimer par CLERC S.A.
18200 Saint-Amand-Montrond - N° 5270 - Septembre 1993
ISBN 2.01.020267.8 - Dépôt légal éditeur n° 5119
Loi n° 49-956 du 16 juillet 1949 sur les publications destinées à la jeunese